Volker Kreft

Steueränderungsreport 2009

Volker Kreft

Steueränderungsreport 2009

Alle wichtigen Änderungen im Steuerrecht auf einen Blick

GABLER

Bibliografische Information der Deutschen Nationalbibliothek
Die Deutsche Nationalbibliothek verzeichnet diese Publikation in der
Deutschen Nationalbibliografie; detaillierte bibliografische Daten sind im Internet über
<http://dnb.d-nb.de> abrufbar.

1. Auflage 2009

Lektorat: RA Andreas Funk

Gabler ist Teil der Fachverlagsgruppe Springer Science+Business Media.
www.gabler-steuern.de

Umschlaggestaltung: KünkelLopka Medienentwicklung, Heidelberg
Druck und buchbinderische Verarbeitung: Krips b.v., Meppel

Printed in the Netherlands

ISBN 978-3-8349-1464-4

Vorbemerkungen

Das Steuerrecht zählt in Deutschland zu den schwierigsten Rechtsmaterien. Allein im Bund gibt es rund 120 Steuergesetze. Insgesamt regeln Zehntausende von Vorschriften die Besteuerung von Unternehmen und Privatpersonen – einsame Spitze auf der Welt. Nirgendwo auf der Welt ist zudem das Steuerrecht so kompliziert und schwer verständlich wie hier zu Lande. Die Last dieser Bewertung haben in erster Linie die steuerlichen Berater, also Steuerberater, Wirtschaftsprüfer und Rechtsanwälte bzw. Fachanwälte für Steuerrecht zu tragen. Um eine optimale Steuerberatung für die Mandantschaft zu gewährleisten, ist es dabei nicht nur erforderlich, die Grundsystematik der vielen Steuerarten zu verinnerlichen. Die besonderen Anforderungen im Steuerrecht ergeben sich zunehmend aus dem Umstand, jährlich unzählige Steuerrechtsänderungen zu verarbeiten, die in die steuerlichen Gestaltungsüberlegungen einbezogen werden müssen. Dabei ist der „Steuer-Dschungel" im Laufe der Jahre immer dichter geworden. So änderte die schwarz-rote Bundesregierung 2008 das Einkommensteuerrecht so oft wie nie zuvor in ihrer Amtszeit.

Die Änderungen betreffen dabei nicht nur die neu hinzugekommenen, geänderten oder gestrichenen Gesetzesvorschriften aus unzähligen Steuergesetzen, sondern auch die sich ständig weiterentwickelte Finanzrechtsprechung und die in der Steuerpraxis wichtigen neuen und geänderten Schreiben des Bundesministerium für Finanzen (BMF) und der Oberfinanzdirektionen (OFD).

Der Steueränderungsreport bietet insoweit eine wertvolle Hilfestellung und macht die zeitaufwändige Information in vielen Quellen entbehrlich. Nach dem Motto „maximale Information auf engstem Raum" werden die besonders praxisrelevanten Änderungen der Steuergesetze (§ 1; Einschließlich Jahressteuergesetz 2009 und Erbschaftsteuerreform), der Rechtsprechung des Bundesfinanzhofs (§ 2) und der Verwaltungsauffassungen (§ 3) aus dem Steuerjahr 2008 ausgewählt und in übersichtlicher Weise zusammengestellt.

Die Darstellung in tabellarischer Form, die sich an den betroffenen Vorschriften (Gesetze alphabetisch geordnet) orientiert, sorgt für eine schnelle Erfassbarkeit der steuerrechtlichen Veränderungen und ermöglicht gleichzeitig ein zügiges, problemorientiertes Nachschlagen.

Zudem werden erste kurze weiterführende Anregungen zur Vertiefung bzw. Handlungs- und Gestaltungshinweise zur neuen Rechtslage ab 2009 bei den entsprechend geänderten Vorschriften gegeben.

So sind Sie gut gerüstet für die Anforderungen, die Sie 2009 erwarten.

Bielefeld, im Februar 2009

Dipl.-Finanzwirt Dr. jur. Volker Kreft
Richter am Niedersächsischen Finanzgericht

Bitte beachten Sie folgenden Hinweis:

Die Zusammenstellungen erheben keinen Anspruch auf Vollständigkeit.

Bei den im Einzelfall für die Steuerberatung relevanten Änderungen bleibt eine Vertiefung selbstverständlich unentbehrlich.

Für Ina

Inhaltsübersicht

Abkürzungsverzeichnis

a.a.O.	am anderen Ort
AbgSt	Abgeltungsteuer
Abs.	Absatz
abzgl.	abzüglich
ADR	American Depositary Receipt
a.F.	alte Fassung
AltEinkG	Alterseinkünftegesetz
AG	Aktiengesellschaft
Anlage AUS	Anlage ausländische Einkünfte
Anlage KAP	Anlage Kapitalvermögen
Anlage KSO	Anlage Kapitalvermögen und sonstige Einkünfte
Anlage SO	Anlage sonstige Einkünfte
AStG	Aussensteuergesetz
AO	Abgabenordnung
Aufl.	Auflage
BFH	Bundesfinanzhof
BFH/NV	nicht veröffentlichtes BFH-Urteil
BGBl	Bundesgesetzblatt
BGH	Bundesgerichtshof
BMF	Bundesministerium der Finanzen
BStBl.	Bundessteuerblatt
BT-Drucks.	Bundestagsdrucksache
BVerfG	Bundesverfassungsgericht
bzw.	beziehungsweise
d.h.	das heißt
DBA	Doppelbesteuerungsabkommen
Drucks.	Drucksache
DStR	Deutsches Steuerrecht
DStZ	Deutsche Steuer-Zeitung
EFG	Entscheidungen der Finanzgerichte
entspr.	entspricht
ErbStG	Erbschaftsteuergesetz
ESt	Einkommensteuer
EStG	Einkommensteuergesetz
EStR	Einkommensteuerrichtlinien
etc.	et cetera
EU	Europäische Union
EUR	Euro
EUREX	European Exchange

evtl.	eventuell
EWR	Europäischer Wirtschaftsraum
f.	folgende
ff.	fortfolgende
FG	Finanzgericht
FIFO	First In First Out
GbR	Gesellschaft bürgerlichen Rechts
gem.	gemäß
GewSt	Gewerbesteuer
GG	Grundgesetz
ggf.	gegebenenfalls
GmbH	Gesellschaft mit beschränkter Haftung
H	Hinweis
HGB	Handelsgesetzbuch
HS	Hebesatz
i.d.R.	in der Regel
inkl.	inklusive
i.S.des (i.S.d.)	im Sinne des
i.S.von (i.S.v.)	im Sinne von
i.V.m.	in Verbindung mit
InvStG	Investmentsteuergesetz
ISIN	International Securities Identification Number
KAG	Kapitalanlagegesellschaft
KESt	Kapitalertragsteuer
KiSt	Kirchensteuer
KSt	Körperschaftsteuer
KStG	Körperschaftsteuergesetz
KWG	Kreditwesengesetz
LV	Lebensversicherung
mind.	Mindestens
m.w.N.	mit weiteren Nachweisen
n.F.	neue Fassung
Nr.	Nummer
NV	Nichtveranlagung
OFD	Oberfinanzdirektion
o.g.	oben genannt
OGAW	Organismen für gemeinsame Anlagen in Wertpapieren

pers.	persönlich/e/er
REIT's	Real Estate Investment Trusts
Rn.	Randnummer
Rz.	Randziffer
S.	Seite
SGB	Sozialgesetzbuch
sog.	so genannte
SolZ	Solidaritätszuschlag
StÄndG	Steueränderungsgesetz
StB	Steuerberater
Stck.	Stück
SZ	Süddeutsche Zeitung
u.a.	unter anderem
u.E.	unseres Erachtens
USA	United States of America, Vereinigte Staaten von Amerika
USD	US-Dollar
usw.	und so weiter
u.U.	unter Umständen
v.a.	vor allem
vgl.	vergleiche
vs.	versus
WK	Werbungskosten
WKN	Wertpapierkennnummer
WM	Wertpapiermitteilung
WphG	Wertpapierhandelsgesetz
z.B.	zum Beispiel
ZIV	Zinsinformations-Verordnung
zzgl.	zuzüglich

§ 1 Wichtige Änderungen der Steuergesetze

Geändertes Gesetz Geänderte(r) §§ Anwendungs-zeitpunkt	Inhalt der Gesetzesänderung	Weiterführende Anmerkungen	Eigene Notizen
AO **§ 52** **(KStG § 5 Abs. 2 Nr. 2)** 1.1.2009	**Gemeinnützigkeit:** Einführung eines Inlandsbezugs durch gesetzliche Definition des Begriffes der **„Allgemeinheit"**: Natürliche Personen, die ihren Wohnsitz oder gewöhnlichen Aufenthalt in Deutschland haben	Reaktion des Gesetzgeber auf das Urteil des EuGH vom 14.9.2006 - C 386/01 (Stauffer), wonach der Ausschluss der Spendenbegünstigung für Zwecke in anderen Mitgliedstaaten gegen EU-Recht verstößt	
AO **§ 60** 1.1.2009	Für **Vereine** wird ab 2009 eine im Gesetz geregelte **Mustersatzung** eingeführt (Anlage 1 zu § 60 AO). Die Mustersatzung enthält die Anforderung, dass sich die Körperschaft zur ausschließlichen und unmittelbaren Verfolgung förderungswürdiger Zwecke verpflichtet	Die Verwendung dieser Mustersatzung ist anzuraten	

1

Geändertes Gesetz Geänderte(r) §§ Anwendungs-zeitpunkt	Inhalt der Gesetzesänderung	Weiterführende Anmerkungen	Eigene Notizen
AO **§ 146 Abs. 2a und 2b** Tag der Verkündung des JStG 2009	**Verlagerung der EDV-gestützten Buchführung in EU- bzw. EWR-Staaten:** Erforderlich ist die Zustimmung des betreffenden Staates, dass dieser den Zugriff durch die deutschen Finanzbehörden erlaubt. Dem Finanzamt muss im Antrag auch der Standort des EDV-Systems und ggf. Name und Anschrift eines damit beauftragten Anbieters mitgeteilt werden; effektive Steuerkontrolle muss gewährleistet sein Bei Zuwiderhandlung droht Verzögerungsgeld von bis zu 250.000 €	Vorteilhaft für internationale Unternehmen und Konzerne Verlagerung kann auch zu Kosteneinsparungen genutzt werden Regelung gilt auch für die Aufbewahrung von Rechnungen (§ 14b Abs. 5 UStG)	
AO **§ 165** 1.1.2009	**Ausdehnung des Vorläufigkeitsvermerks**: Steuer kann auch dann teilweise vorläufig festgesetzt werden, wenn nur eine sog. **einfachgesetzliche Rechtsfrage** strittig und dazu ein Musterverfahren beim BFH anhängig ist	Änderung soll Flut von Einsprüchen verhindern Bevor auf einen Einspruch verzichtet wird, ist genauesten zu prüfen, ob der Mandant für den Fall eines günstigen Ausgangs des Musterverfahrens vollständig profitieren kann; im Zweifel sollte zunächst Einspruch eingelegt werden, um den Umfang des Vorläufigkeitsvermerks zu bestimmen	

1

Geändertes Gesetz Geänderte(r) §§ Anwendungs-zeitpunkt	Inhalt der Gesetzesänderung	Weiterführende Anmerkungen	Eigene Notizen
AO **§ 278 Abs. 2 Satz 1** Tag der Verkündung des JStG 2009	Zeitliche Beschränkung der **Vollstreckung bei Schenkung unter Ehegatten** auf den auf den Ablauf des 10. Kalenderjahres nach dem Ergehen des Aufteilungsbescheids (entsprechend des Regelungen des Anfechtungsgesetzes)	Neuregelung ist in allen offenen Fällen anwendbar	
AO **§ 376** Tag der Verkündung des JStG 2009	Teilweise **Verlängerung der Verfolgungsverjährung** für Steuerstraftaten auf 10 Jahre Gilt aber nur bei besonders schwerer Steuerhinterziehung i. S. des § 370 Abs. 3 Satz 2 Nr. 1 bis 5 AO Bei „einfachen" Steuerstraftaten bleibt es bei einer Frist von 5 Jahren	Die Verschärfung ist nur anwendbar für Steuerstraftaten, die bei Inkrafttreten des JStG 2009 noch nicht verjährt sind!	
AStG **§ 2** 1.1.2009	**Wegzugsbesteuerung:** Fiktion der Existenz einer Geschäftsleitungsbetriebsstätte im Inland für Fälle, in denen gewerbliche Einkünfte eines erweitert beschränkt Steuerpflichtigen funktional keiner konkreten ausländischen Betriebsstätte bzw. keinem im Ausland tätigen ständigen Vertreter zuzurechnen sind	Rechtsprechungs-brechend: Durch die Gesetzesänderung wird die erweiterte beschränkte Steuerpflicht begründet (entgegen BFH, Urteil vom 19.12.2007 - I R 19/06, BFH/NV 2008, 672)	

1

Geändertes Gesetz Geänderte(r) §§ Anwendungs-zeitpunkt	Inhalt der Gesetzesänderung	Weiterführende Anmerkungen	Eigene Notizen
AStG **§ 15 Abs. 6 und Abs. 7** 1.1.2009 (§ 15 Abs. 6); Regelung über Einkünfte-ermittlung (§ 15 Abs. 7) gilt in allen offenen Fällen	**Änderung der Besteuerung von Familienstiftungen:** Die **Zurechnung des Einkommens** kann zukünftig nur mit Nachweis des rechtlichen und tatsächlichen Verlusts der Verfügungsmacht über das Stiftungsvermögen verhindert werden **Ermittlung** des zuzurechnenden Einkommens nach deutschem Steuerrecht **Verluste** werden nicht zugerechnet; insoweit gilt § 10d EStG	Sofern bei Verlagerung des Einkommens auf ausländische Stiftungen die **Bezugs- oder Anfallsberechtigte** bestehen geblieben sind, entfällt damit die beabsichtigte Steuerersparnis	
BewG **§§ 9 – 16** 1.1.2009	Änderung bei der **Bewertung des übrigen Vermögens**: Lebens-,Kapital- und Rentenversicherungen werden zwingend mit dem Rückkaufswert angesetzt (§ 12 Abs. 4 BewG) Kapitalwert von lebenslangen Nutzungen richtet sich nach der Sterbetafel (§ 14 Abs. 1 BewG)	Der bisherige günstige Ansatz der Versicherungen mit 2/3 der eingezahlten Prämien ist entfallen!	

Geändertes Gesetz Geänderte(r) §§ Anwendungs-zeitpunkt	Inhalt der Gesetzesänderung	Weiterführende Anmerkungen	Eigene Notizen
BewG **§§ 11 Abs. 2, 95, 96, 97, 109, 199 – 203** 1.1.2009	**Neubewertung von Betriebsvermögen von Gewerbetreibenden und Freiberuflern und Anteilen an Kapital- und Personengesellschaften:** ❒ Ermittlung des gemeinen Wertes anhand des Börsenkurses oder Verkäufen unter fremden Dritten (§ 11 Abs. 2 BewG), ggf. Schätzung: Mindestwert: Substanzwert i.S.v. § 11 Abs. 2 Satz 3 BewG) ❒ Bei Anteilen an Kapitalgesellschaften und Betriebsvermögen bzw. Anteilen am Betriebsvermögen kann ggf. ein vereinfachtes Ertragswertverfahren zur Anwendung kommen (§ 200 BewG) ❒ Getrennte Ermittlung von Gesamthands- und Sonderbetriebsvermögen ❒ Zwei-Stufen-Ermittlung des gemeinen Wertes bei Ermittlung des gemeinen Wertes von Anteilen an Kapitalgesellschaften (1. Stufe: Ermittlung des gemeinen Wertes der Kapitalgesellschaft; 2. Stufe: Aufteilung des gemeinen Wertes)	§ 199 BewG kommt nicht zur Anwendung, wenn anerkanntes, auch im gewöhnlichen Geschäftsverkehr für nichtsteuerliche Zwecke übliches Verfahren einschlägig ist; zu denken ist hier z.B. an die Multiplikationsmethode, die vergleichsorientierte Methode oder die Discounted-cash-flow-Methode (vgl. Schulze zu Wiesche, UVR 2008, 80; Kussmaul/Hell/Meyering, BB 2008, 472)	

1

Geändertes Gesetz Geänderte(r) §§ Anwendungs-zeitpunkt	Inhalt der Gesetzesänderung	Weiterführende Anmerkungen	Eigene Notizen
BewG **§§ 176 – 196** 1.1.2009	**Neubewertung von Grundbesitz:** ❐ Bewertung des Wertes unbebauter Grundstücke mit dem Bodenrichtwert (§§ 178, 179 BewG) ❐ Wertermittlung bebauter Grundstücke (zur Unterteilung siehe § 181 Abs. 1 und 2 BewG) erfolgt mit dem Vergleichsverfahren, Ertragswertverfahren oder dem Sachwertverfahren (§ 182 i.V.m. §§ 183 – 191 BewG) ❐ Getrennte Bewertung von Erbbaurechten und Erbbaugrundstücken (§§ 192 – 194 BewG); Ansatz eines Vergleichswerts ❐ Getrennte Bewertung von Gebäude und fremden Grund und Boden (§ 195 BewG); neben Bodenwert und Gebäudewert sind Höhe der Pachtzinsen und Restlaufzeit des Nutzungsrechts zu berücksichtigen ❐ Grundstücke im Zustand der Bebauung (§ 196 BewG: Wert des unbebauten Grundstücks zzgl. Herstellungskosten im Besteuerungszeitpunkt)	Bisheriger Abschlag von 20 % entfällt **Escape-Klausel** beachten: Geht das Ergebnis der vereinfachten Grundstücksbewertung zu Lasten des Steuerpflichtigen, besteht die Möglichkeit des Nachweises eines niedrigeren Grundstückswerts im Besteuerungszeitpunkt (§ 198 BewG i.V.m. § 199 BauGB)	

Geändertes Gesetz Geänderte(r) §§ Anwendungszeitpunkt	Inhalt der Gesetzesänderung	Weiterführende Anmerkungen	Eigene Notizen
BewG **§§ 158 – 175** 1.1.2009	**Neubewertung des land- und forstwirtschaftlichen Vermögens:** ❒ Bewertung des LuF-Wohnhauses und der Betriebswohnung wie beim Grundvermögen (§ 167 BewG) ❒ Ermittlung des gemeinen Wertes des Wirtschaftsteiles im **Ertragswertverfahren** (§§ 162 ff. BewG); Mindestwert zu beachten ❒ Neubewertung bei Veräußerung des gesamten Betriebs oder von Teilen sowie bei Veräußerung oder Entnahme des Grund und Bodens innerhalb von 15 Jahren (**Nachversteuerungsvorbehalt**); Folge: Ansatz des Erlöses, sofern keine ausschließliche betriebliche Verwendung innerhalb von 6 Monaten	Hilfsweise kann als Mindestwert auch der Ansatz der durchschnittlichen Kaufpreise anstelle der kapitalisierten Pacht erfolgen	
EigZulG **§ 19** Tag der Verkündung des JStG 2009	Keine Übertragung der Absenkung der **Altersgrenze für Kinder** beim Kindergeld von 27 auf 25 Jahre auf die Eigenheimzulage	Die bisherigen Zulageraten bleiben für Kinder, die älter als 25 Jahre alt sind, erhalten!	

1

Geändertes Gesetz Geänderte(r) §§ Anwendungs-zeitpunkt	Inhalt der Gesetzesänderung	Weiterführende Anmerkungen	Eigene Notizen
ErbStG **§ 10** 1.1.2009	**Gesetzliche Änderungen/Klarstellungen zu folgenden Aspekten:** ❒ Steuererstattungsansprüchen ❒ Beteiligung an vermögensverwaltenden Gesellschaften ❒ Verbindlichkeiten ❒ Zusammenhang zwischen steuerbefreitem Vermögen und Verbindlichkeiten ❒ Nutzungsrechte als Grundstücksbelastung ❒ Abfindungen für Mitgliedschaftsrechte und Beteiligungen	Beim Ansatz Steuererstattungsansprüchen als Forderung kommt es allein auf den Entstehungszeitpunkt und nicht auf die Festsetzung an	
ErbStG **§ 13 Abs. 1 Nr. 1** 1.1.2009	Erhöhung des **Freibetrags für andere bewegliche körperliche Gegenstände**, die nicht Hausrat sind, auf 12.000 €	Gilt für jeden Erwerber! Freibeträge für Hausrat und andere Gegenstände gelten jetzt auch für **Lebenspartner** (§ 13 Abs. 1 Nr. 1a und 1b ErbStG)	
ErbStG **§ 13 Abs. 1 Nr. 4a** 1.1.2009	**Ausdehnung der bisherigen Steuerbefreiung für selbstgenutztes Wohneigentum** bei Zuwendungen unter Lebenden auf Wohnungen in ZFH, MFH, Geschäftsgrundstücken und gemischt genutzten Grundstücken einschließlich bebauter Grundstücke innerhalb der EU/EWiR	Die Regelung gilt zukünftig auch für **Lebenspartnerschaften**	

Geändertes Gesetz Geänderte(r) §§ Anwendungs-zeitpunkt	Inhalt der Gesetzesänderung	Weiterführende Anmerkungen	Eigene Notizen
ErbStG **§ 13 Abs. 1 Nr. 4b und c** 1.1.2009	**Steuerbefreiung für den Erwerb selbstgenutzten Wohneigentums** durch Ehegatten, Lebenspartner oder Kinder von Todes wegen ❐ Voraussetzungen: ❐ Inländisches Grundstück oder belegen in EU/EWiR ❐ Selbstgenutzt durch Erblasser bis zum Tod ❐ Unverzügliche Selbstnutzung durch Erbe ❐ Für Kinder und Kinder verstorbener Kind gilt dies nur, wenn Wohnfläche unter 200 qm ❐ Nachversteuerung, wenn Selbstnutzung innerhalb von 10 Jahren endet; Ausnahmen für Zwangssituationen	Beachten Sie die Besonderheiten der Sätze 2 bis 4 der § 13 Abs. 1 Nr. 4b und Nr. 4c ErbStG betr. Vermächtnis, Auflage, Erbauseinandersetzung!	

1

Geändertes Gesetz Geänderte(r) §§ Anwendungs-zeitpunkt	Inhalt der Gesetzesänderung	Weiterführende Anmerkungen	Eigene Notizen
ErbStG **§ 13b** 1.1.2009	**Verschonungsregelungen:** ❒ Begünstigtes Vermögen wird in § 13b Abs. 1 ErbStG definiert ❒ Einschränkung der Begünstigung durch das Verwaltungsvermögen (§ 13b Abs. 2 ErbStG) ❒ Regelverschonung von 85 % des Vermögens (Betriebsvermögen, LuF-Vermögen; Anteile an Kapitalgesellschaften) ❒ Option zu 100 % Steuerbefreiung ❒ Voraussetzung der Regelverschonung ist, dass 650 % der Ausgangslohnsumme innerhalb von 7 Jahren nach Erwerb nicht unterschritten werden ❒ Bei Unterschreitung einer Mindestlohnsumme erfolgt Verminderung des Verschonungabschlags ❒ Voraussetzung für Null-Option ist, dass innerhalb von 10 Jahren nach Erwerb 1000 % der Ausgangslohnsumme nicht unterschritten werden	Verpflichtung des Erwerbers zur Anzeige innerhalb von 6 Monaten nach Ablauf der Lohnsummenfrist, wenn die Lohnsummengrenze unterschritten wird **Anzeigepflicht** innerhalb von einem Monat bei Verstoß gegen die Behaltensfrist Keine Verpflichtung zur Steuerberechnung im Rahmen der Anzeigepflicht Bei der Berechnung der Lohnsumme zählen Leiharbeiter und Saisonkräfte nicht mit	

Geändertes Gesetz Geänderte(r) §§ Anwendungs-zeitpunkt	Inhalt der Gesetzesänderung	Weiterführende Anmerkungen	Eigene Notizen
	❒ Für das nicht verschonte Vermögen wird ein **Abzugsbetrag i.H.v. 150.000 €** gewährt; Abzugsbetrag wird abgeschmolzen i.H.v. 50 % des den Abzugsbetrag übersteigenden Vermögens ❒ **Nachversteuerung** bei Verstößen gegen die Behaltensfristen (Ausnahme: Reinvestition innerhalb von 6 Monaten, § 13a Abs. 5 Satz 3 ErbStG) ❒ Anzeigepflicht bei Unterschreiten der Lohnsummen ❒ Verschonungsregelung gilt auch für Steuerklasse II und III ❒ Besonderheiten bei Vermächtnissen und Teilungsanordnungen (§ 13a Abs. 3 Satz 1, § 19a Abs. 2 Satz 3 ErbStG)		
ErbStG **§ 13c** 1.1.2009	**Abschlag von 10 % bei vermieteten Immobilien** Keine Steuervergünstigung bei Übertragung durch den Erwerber auf Dritte aufgrund Vermächtnisses oder Teilungsanordnung	Keine Behaltensregel! Ggf. gilt die Regelung anteilig bei gemischt genutzten Grundstücken	

1

Geändertes Gesetz Geänderte(r) §§ Anwendungszeitpunkt	Inhalt der Gesetzesänderung	Weiterführende Anmerkungen	Eigene Notizen
ErbStG § 14 Abs. 1 Satz 4 1.1.2009	**Mindeststeuer bei Zusammenrechnung von Erwerben:** Steuer für den Letzterwerb muss in jedem Fall gezahlt werden	Durch die Zusammenrechnung soll der persönliche Freibetrag nur einmal im 10-Jahreszeitraum berücksichtigt werden; Progressionsvorteile durch Aufteilung einer Zuwendung in mehrere kleinere sollen verhindert werden	
ErbStG § 14 Abs. 2 1.1.2009	**Verjährungsfrist bei Zusammenrechnung von Erwerben**	Änderung der Steuerbescheid ist so noch möglich, wenn gegen die Lohnsummenklausel oder die Behaltensregelung innerhalb der 7 bzw. 10-jährigen Frist verstoßen wird	
ErbStG § 15 Abs. 3 1.1.2009	**Gemeinschaftliches Testament:** Schlusserben wird die günstigere Steuerklasse nicht von Amts wegen gewährt, sondern nur auf Antrag	Ohne Antrag liegt allein ein einheitlicher Erwerb vom Letztversterbenden vor	
ErbStG § 16 1.1.2009	**Erhöhung der persönlichen Freibeträge**, z.B. ❐ Ehegatten: 500.000 € ❐ Kinder: 400.000 € ❐ Enkel: 200.000 € ❐ Lebenspartner: 500.000 €	Behandlung von gleichgeschlechtlichen Lebenspartnerschaften wird an die der Ehegatten angeglichen	

Geändertes Gesetz Geänderte(r) §§ Anwendungszeitpunkt	Inhalt der Gesetzesänderung	Weiterführende Anmerkungen	Eigene Notizen
ErbStG **§ 19** 1.1.2009	Änderung der Tarifstruktur: ❐ Steuerklasse I bleibt unverändert ❐ In den Steuerklassen II und III wird ein Zwei-Stufen-Tarif eingeführt (30 % bis 6.000.000 €, ab da 50 %)	In den Steuerklassen II und III kommt es zu einer höheren Tarifbelastung gegenüber der bisherigen Rechtslage	
ErbStG **§ 28** 1.1.2009	Möglichkeit der **Steuerstundung** beim Erwerb von vermieteten oder schon vor dem Erwerb eigengenutzten Wohnimmobilien	Voraussetzung bei Erwerb von Mietobjekten ist, dass die Steuer nur durch Veräußerung gezahlt werden könnte Stundungsregelung gilt nur für ein Grundstück	
ErbStG **§ 29 Abs. 1 Nr. 3** 1.1.2009	**Zugewinngemeinschaft:** Korrektur eines Schenkungsteuerbescheides für eine unentgeltliche Zuwendung auch dann, wenn die Zuwendung bei der Berechnung des steuerfreien Betrags berücksichtigt wird	Bislang erfolgt Korrektur nur bei Anrechnung der Zuwendungen auf die Ausgleichsforderung	
ErbStG **§ 37 Abs. 3** 1.1.2009	**Ausschluss des neuen ErbSt-Rechts für Altfälle**	Missbrauch durch Widerufs- und Rücktrittsklauseln soll verhindert werden	

1

Geändertes Gesetz Geänderte(r) §§ Anwendungs-zeitpunkt	Inhalt der Gesetzesänderung	Weiterführende Anmerkungen	Eigene Notizen
ErbStRG Art. 3 Abs. 1	**Anwendung des neuen Erbschaftsteuerrechts:** **Optionsrecht** zur Anwendung der geänderten Vorschriften des ErbStG (mit Ausnahme des § 16 ErbStG – Freibeträge) und des BewG auf Erwerbe von Todes wegen, für die die Steuer nach dem 31.12.2006 und vor dem Tag des Inkrafttretens des Änderungsgesetzes entstanden ist	Ausübung des Optionsrechts ist wohl zu überlegen, da mit einer höheren bewertungsrechtlichen Bemessungsgrundlage zu rechnen ist **Antrag auf Option muss bis zum 30.6.2009** gestellt werden Ungeklärt, ob bei **mehreren Erwerbern** das Optionsrecht individuell ausgeübt werden kann	
EStG **§ 2a** Gültig für alle noch nicht bestandskräftig festgesetzten bzw. festgestellten negativen Einkünfte	**Verlustausgleichs- und Abzugsbeschränkung bei Drittstaaten**: ❒ Der Abzug für ausländische Verluste wurde europarechtskonform neu geregelt ❒ Ausgleichs- bzw. die Verlustabzugsbeschränkungen wurden auf Tatbestände außerhalb von EU- bzw. EWR-Staaten, also sog. Drittstaaten reduziert ❒ Der positive und negative Progressionsvorbehalt wurde bei bestimmten Tatbeständen in EU-Staaten ausgeschlossen	Änderung ist Reaktion des Gesetzgebers auf Rechtsprechung des EuGH (Urteil vom 29.3.2007 - Rs. C-347/04 „Rewe Zentralfinanz" BStBl II 2007, 492) Siehe hierzu auch BMF-Scheiben vom 30.7.2008, BStBl I 2008, 810	

Geändertes Gesetz Geänderte(r) §§ Anwendungszeitpunkt	Inhalt der Gesetzesänderung	Weiterführende Anmerkungen	Eigene Notizen
EStG **§ 3 Nr. 10** Tag der Verkündung des JStG 2009	**Neuer Steuerbefreiungstatbestand bei Aufnahme eines behinderten Menschen:** Steuerfrei sind nunmehr alle Einnahmen für Pflege, Betreuung, Unterkunft und Verpflegung eines behinderten oder von Behinderung bedrohten Menschen, die ein Sozialleistungsträger für die Aufnahme in einer Gastfamilie leistet; gilt auch für Zahlungen der aufgenommenen Person	In diesem Zusammenhang entstehende Aufwendungen können nur geltend gemacht werden, soweit sie die Einnahmen übersteigen	
EStG **§ 3 Nr. 14** ab VZ 2008	Gesetzliche Klarstellung: **Krankenversicherungsanteile von gesetzlichen Rentenversicherungsträgern** sind steuerfrei	Folge der Neuregelung: Bei allen Rentnern (gesetzlich oder privat krankenversichert) kommt beim Sonderausgabenabzug insoweit der Höchstbetrag mit 1.500 € zur Anwendung	
EStG **§ 3 Nr. 26** Gültig in allen noch nicht bestandskräftigen Fällen	**Ausdehnung des Freibetrags für Übungsleiter, Ausbilder, Erzieher, Betreuer oder vergleichbare nebenberufliche Tätigkeiten** auf Zahlungen von juristischen Personen des öffentlichen Rechts in einem EU/EWR-Staat Die weiteren Voraussetzungen und die Höhe des Freibetrags mit 2.100 € bleiben unverändert	Reaktion des Gesetzgebers auf das EuGH-Urteil vom 18.12.2007 (Rs. Jundt, C-281/06)	

1

Geändertes Gesetz Geänderte(r) §§ Anwendungszeitpunkt	Inhalt der Gesetzesänderung	Weiterführende Anmerkungen	Eigene Notizen
EStG **§ 3 Nr. 26a** Gültig in allen noch nicht bestandskräftigen Fällen	Analoge Ausdehnung des Freibetrags i.H.v. 500 € für **andere nebenberufliche Tätigkeiten** auf EU/EWR-Staaten	Zur erstmaligen Anwendung siehe § 52 Abs. 4b EStG Siehe hierzu BMF-Anwendungsschreiben zu § 3 Nr. 26a vom 25.11.2008 (IV C - S 2121 07/0010 2008/0656438)	
EStG **§ 3 Nr. 34** VZ 2008	**Betriebliche Gesundheitsförderung**: Neue Steuerbefreiung für Maßnahmen, die hinsichtlich Qualität, Zweckbindung und Zielgerichtetheit den Anforderungen des § 20a Abs. 1 i. V. mit § 20 Abs. 1 Satz 3 SGB V genügen Leistungen müssen zusätzlich zum geschuldeten Arbeitslohn erbracht werden Steuerfreiheit bis 500 € je Arbeitnehmer	Begünstigt sind z. B. Kurse zur gesunden Ernährung, Rückengymnastik, Suchtprävention, Stressbewältigung, nicht jedoch Kosten für Sportvereine oder Fitnessstudios Eine Gehaltsumwandlungen ist nicht zulässig!	
EStG **§ 3 Nr. 39** **§ 19a** Gilt für alle Lohnzahlungszahlungszeiträume ab 2009	**Mitarbeiterkapitalbeteiligung**: Erhöhung des steuer- und sozialversicherungsfreien Höchstbetrags von 135 € auf 360 € Maßgebend ist der gemeine Wert bei Zufluss nach den allgemeinen lohnsteuerlichen Regelungen Steuerfreiheit nur, wenn die Vermögensbeteiligung zusätzlich zum ohnehin geschuldeten Leistungen gewährt wird	Anrechnung einer Beteiligung auf bestehende oder künftige Lohnansprüche ist schädlich § 19a EStG (bisherige Regelung der Überlassung von Vermögensbeteiligungen an Arbeitnehmer) entfällt zukünftig; aber Bestandsschutz für Altfälle bis einschließlich 2015	

Geändertes Gesetz Geänderte(r) §§ Anwendungs-zeitpunkt	Inhalt der Gesetzesänderung	Weiterführende Anmerkungen	Eigene Notizen
EStG **§ 3 Nr. 40** **§ 3c Abs. 2** 1.1.2009	**Teileinkünfteverfahren:** Für Anteile an Kapitalgesellschaften im Betriebsvermögen wird das Halbeinkünfteverfahren durch das Teileinkünfteverfahren ersetzt; gilt auch für Veräußerungsgewinne im Betriebsvermögen gehaltener Anteile Der Betriebsausgaben-/Werbungskostenabzug in diesem Zusammenhang wird auf 60 % beschränkt	Folge: 40 % der Einkünfte/Veräußerungsgewinne werden von der Steuer freigestellt, 60 % werden besteuert	
EStG **§ 3 Nr. 40a** 1.1.2009	Anpassung der Besteuerung von **gewinnabhängigen Tätigkeitsvergütungen bei vermögensverwaltenden Beteiligungsgesellschaften** an das Teileinkünfteverfahren	Betroffen sind die Einkünfte im Sinne des § 18 Abs. 1 Nr. 4 EStG Bezüglich des Betriebsausgabenabzug ist § 3c Abs. 2 EStG zu berücksichtigen	
EStG **§§ 3 Nr. 53, 38 Abs. 3 Satz 3** 1.1.2009	**Arbeitzeitkonten und Wertguthaben**: ❐ Vereinbarung eines Zeitwertkontos oder Wertgutschrift begründen keinen Zufluss von Arbeitslohn ❐ Auch die Übertragung des Wertguthabens an einen neuen Arbeitgeber ist steuerlich nicht relevant	Erst die Auszahlung des Guthabens während der Freistellung führt zu steuerpflichtigem Arbeitslohn	

1

Geändertes Gesetz Geänderte(r) §§ Anwendungs-zeitpunkt	Inhalt der Gesetzesänderung	Weiterführende Anmerkungen	Eigene Notizen
EStG **§ 4h Abs. 5 Satz 3** Gültig ab dem Tag der 3. Lesung des JStG 2009 im Bundestag (28.11.2008)	**Änderung zur Zinsschranke:** Hintergrund der Änderung ist die Bekämpfung von Gestaltungsmodelle zur Verlust- und Zinsvortragsnutzung	Nicht mehr möglich sind zukünftig Gestaltungsmodelle, bei denen vor dem Erwerb einer Beteiligung an einer Körperschaft der verlustverursachenden Betrieb auf eine Tochter-Personengesellschaft ausgliedert und dadurch der Verlustabzug zur Gewerbesteuer auf die Tochter-Personengesellschaft übergehen konnte	
EStG **§ 5 Abs. 1** Gilt für Geschäftsjahre, die in 2009 oder 2010 beginnen	**Ausübung steuerlicher Wahlrechte:** Wirtschaftsgüter, die nicht mit dem handelsrechtlich maßgebenden Wert in der steuerlichen Gewinnermittlung ausgewiesen werden, sind in besondere, laufend zu führende Verzeichnisse aufzunehmen In den Verzeichnissen sind der Tag der Anschaffung oder Herstellung, die Anschaffungs- oder Herstellungskosten, die Vorschrift des ausgeübten steuerlichen Wahlrechts und die vorgenommenen Abschreibungen nachzuweisen	Zur Nutzung der Wahlrechte sollten die Anforderungen an das Führen der neuen Verzeichnisse genauestens eingehalten werden	

Geändertes Gesetz Geänderte(r) §§ Anwendungs-zeitpunkt	Inhalt der Gesetzesänderung	Weiterführende Anmerkungen	Eigene Notizen
EStG **§ 6 Abs. 1 Nr. 3f** Gilt für Geschäftsjahre, die im Kalenderjahr 2009 oder 2010 beginnen	**Steuerliche Bewertung von Rückstellungen:** Wertverhältnisse am Bilanzstichtag (ohne künftige Preis- und Kostensteigerungen) maßgebend Handelsrechtliche Bewertung mit dem Erfüllungsbetrag; zukünftige Preis- und Kostensteigerungen sind aber zu berücksichtigen	**Abzinsung von Rückstellungen** bleibt unverändert bestehen	
EStG **§ 6 Abs. 1 Nr. 4** 1.1.2008	**Entnahme von Nutzungen und Leistungen:** Gesetzliche Klarstellung zur Fortgeltung des Buchwertprivilegs für Zuwendungen zur Förderung steuerbegünstigter Zwecke im Sinne der §§ 52 bis 54 AO	Der bisherige Verweis auf § 10b Abs. 1 Satz 3 EStG war nach Gesetzesänderungen leergelaufen	
EStG **§ 7g Abs. 1** Gilt für Anschaffungen zwischen dem 1.1.2009 bis 31.12.2010	**Schwellenwerte für Investitionsabzugsbetrag** wurden wie folgt angehoben: ❐ Betriebsvermögen von 235.000 auf 335.000 € ❐ Wirtschaftswert in der Land- und Forstwirtschaft von 125.000 auf 175.000 € ❐ Gewinn für EÜR-Rechner von 100.000 auf 200.000 €	Für die Beurteilung kommt es allein auf die Betriebsgrößengrenzen am Schluss des Wirtschaftsjahres an, in dem der Abzug beantragt wird	

1

Geändertes Gesetz Geänderte(r) §§ Anwendungszeitpunkt	Inhalt der Gesetzesänderung	Weiterführende Anmerkungen	Eigene Notizen
EStG **§ 8 Abs. 2 Sätze 6 und 7** 1.1.2009	Anpassung der amtlichen **Sachbezugswerte** an die Entwicklung der Verbraucherpreise	Vgl. hierzu BMF-Schreiben vom 12.12.2008, IV C 5 - S 2334/08/10005	
EStG **§ 9c** 1.1.2009	Zusammenfassung der bisherigen drei verschiedenen Begünstigungstatbestände für **Kinderbetreuungskosten** (Abzug wie Betriebsausgaben und Werbungskosten oder als Sonderausgaben) zu einem einheitlichen Tatbestand Keine materiell-rechtlichen Änderungen	Abzugsfähig sind weiterhin 2/3 der Aufwendungen und maximal 4.000 €	

Geändertes Gesetz Geänderte(r) §§ Anwendungs-zeitpunkt	Inhalt der Gesetzesänderung	Weiterführende Anmerkungen	Eigene Notizen
EStG **§ 10 Abs. 1 Nr. 9** 1.1.2008 bzw. in allen offenen Fällen	**Abzug von Schulgeldzahlungen:** ❐ EU-rechtskonforme Neuregelung ❐ Auch Schulgelder privat finanzierter Schulen im EU-/EWR-Ausland werden zum Sonderausgabenabzug zugelassen ❐ Entgelte für berufsbildende Ergänzungsschulen als Sonderausgaben abziehbar ❐ Für Deutsche Schulen im Ausland bleibt das Schulgeld wie bisher abziehbar, selbst wenn diese außerhalb des EU/EWR-Raums belegen sind ❐ Erhöhung des Höchstbetrages auf 30 % des Entgelts, höchstens 5.000 €	Nach der Neuregelung sind Schulgelder bis zu 16.666 € (ohne Entgelt für Beherbergung, Betreuung und Verpflegung) steuerlich abzugsfähig	
EStG **§ 10b Abs. 3 Satz 3 und 4** 1.1.2009	**Bewertung von Sachspenden:** Gemeiner Wert für Sachspenden aus dem Privatvermögen nur noch maßgebend, wenn durch die Spende kein Besteuerungstatbestand vorliegt bzw. keine Gewinnrealisierung eintritt; andernfalls Ansatz der fortgeführten Anschaffungs- oder Herstellungskosten	Zwingende Bewertungsregelung!	

1

Geändertes Gesetz Geänderte(r) §§ Anwendungszeitpunkt	Inhalt der Gesetzesänderung	Weiterführende Anmerkungen	Eigene Notizen
EStG **§ 10b Abs. 4 Satz 4** 1.1.2009	**Änderung der Haftung im Verein für Spendenbescheinigung:** Festlegung der Reihenfolge der Inanspruchnahme der Gesamtschuldner: Vorrangig haftet der Zuwendungsempfänger (z. B. der Verein); die handelnde Person (z. B. der Vorstand) wird nur nachrangig in Anspruch genommen, wenn eine Haftung gegen den Zuwendungsempfänger erfolglos ist	Haftungsbescheid kann bis zum Ablauf der Festsetzungsfrist für die Körperschaftsteuer ergehen	
EStG **§ 10a Abs. 2a und Abs. 5** 1.1.2010	**Altersvorsorgebeiträge:** Beiträge zur Altersvorsorge können ab dem 31.12.2009 nur noch als Sonderausgaben abgezogen werden, wenn dem Anbieter gegenüber schriftlich eingewilligt wurde, dass dieser die Höhe der Altersvorsorgebeiträge unter Angabe der Identifikationsnummer i.S. des § 139b AO an die zentrale Stelle übermitteln darf	Die jetzt übliche Anlage AV zur Einkommensteuererklärung wird damit entbehrlich	

Geändertes Gesetz Geänderte(r) §§ Anwendungs-zeitpunkt	Inhalt der Gesetzesänderung	Weiterführende Anmerkungen	Eigene Notizen
EStG **§ 15a Abs. 1a** Gilt für Einlagen nach dem Tag der Verkündung des JStG 2009	Verlustausgleich bei Einlagen: - Bei negativem Kapitalkonto können Einlagen Verluste aus früheren Wirtschaftsjahren später nicht mehr ausgleichsfähig machen - Durch Einlagen kann auch kein Verlustausgleichsvolumen für zukünftige Wirtschaftsjahre mehr geschaffen werden	Rechtsprechungsbrechend: Reaktion des Gesetzgebers auf das BFH-Urteil vom 20.6.2007 (IV R 28/06, BStBl II 2007), wonach ein Korrekturposten mit Einlagenvortrag zu bilden ist	

1

Geändertes Gesetz Geänderte(r) §§ Anwendungs-zeitpunkt	Inhalt der Gesetzesänderung	Weiterführende Anmerkungen	Eigene Notizen
EStG **§§ 20, 32d, 52a** 1.1.2009	Abschaffung des Halbeinkünfteverfahrens/ Einführung einer **Abgeltungsteuer** für private Kapitalerträge: ❐ Erweiterung des Katalogs der Kapitaleinkünfte: Erfasst werden neben Zinsen und 100% der Dividenden u.a. auch Gewinne aus privaten Veräußerungsgeschäften mit Aktien (Wegfall der Veräußerungsfrist von einem Jahr); Gewinne aus dem Verkauf von Kapitalgesellschaften werden unabhängig von der Beteiligungshöhe erfasst ❐ Einnahmen aus Stillhaltergeschäften zählen nun ebenfalls zu den Einkünften aus § 20 EStG (bisher: § 22 Nr. 3 EStG) ❐ Abgeltungsteuersatz beträgt 25 % (zuzüglich Soli und KiSt) ❐ Verluste aus Kapitalvermögen, die aus der Veräußerung von Aktien entstehen, können dann nur noch mit Veräußerungsgewinnen aus Aktien ausgeglichen werden	Zu Gestaltungsempfehlungen in Zusammenhang mit der Einführung der Abgeltungsteuer siehe Harenberg, Abgeltungsteuer 2009. 252 ff. Ist der Abgeltungsteuersatz höher als der individuelle Steuersatz, so können Sie über die Erklärung der Kapitaleinkünfte in der Einkommensteuererklärung die Besteuerung auf dem bisherigen Belastungsniveau erreichen; dabei aber kein Werbungskostenabzug Beachten Sie die besonderen Anwendungsregelungen in § 52a EStG!	

Geändertes Gesetz Geänderte(r) §§ Anwendungs-zeitpunkt	Inhalt der Gesetzesänderung	Weiterführende Anmerkungen	Eigene Notizen
	▫ Einführung eines Sparer-Pauschbetrages von 801 €/1.602 € ▫ Ausschluss des Abzugs von Werbungskosten ▫ Veräußerungsfrist für Immobilien bleibt mit 10 Jahren unverändert ▫ Vermögensverwaltende Lebensversicherungen werden unabhängig vom Vertragsabschluss wie eine herkömmliche Vermögensverwaltungen mit jährlicher Besteuerung eingestuft (§ 20 Abs. 1 Nr. 6 EStG)BFH- ▫ Rechtsprechung wird ab 2009 für bestimmte Finanzinnovationen (Garantieanleihen mit teilweiser Rückzahlung, Floater und Rating-Anleihen) nicht mehr angewendet (§ 52 Abs. 10 Satz 7 EStG) ▫ Einschränkung des Bestandsschutzes für bestimmte Risikozertifikate und Geldmarktfonds		

1

Geändertes Gesetz Geänderte(r) §§ Anwendungszeitpunkt	Inhalt der Gesetzesänderung	Weiterführende Anmerkungen	Eigene Notizen
	❒ Besonderheiten bei Anteilstausch, Aktien- und Umtauschanleihen sowie Bezugsrechten in § 20 Abs. 4a EStG: Gewinn wird mit 0 € angesetzt; Anschaffungskosten der erhaltenen Anteile werden mit denen der hingegebenen Anteile erst bei einer zukünftigen Veräußerung angesetzt		
EStG **§ 22 Nr. 1 Satz 2** 1.1.2009	**Ausländische wiederkehrende Leistungen**: Erweiterung des Ausschlusses der Besteuerung wiederkehrender freiwilliger oder unterhaltsrechtlicher Bezüge auf die Fälle, in denen der Geber nur beschränkt steuerpflichtig ist	Im Ergebnis also keine Steuerpflicht für wiederkehrende Bezüge aus dem Ausland Reaktion des Gesetzgebers auf europarechtliche Bedenken der Finanzgerichte (vgl. Urteil des FG Hamburg vom 28.6.2007, 3 K 237/06, Rev. anhängig beim BFH, Az. X R 42/07)	
EStG **§ 22 Nr. 3** § 52a Abs. 10a 1.1.2009	**Verluste aus Stillhaltergeschäften:** Durch eine Übergangsregelung wird die bisher auf Einkünfte aus § 22 Nr. 3 EStG begrenzte Verlustverrechnung bis 2013 erweitert und auch eine Verlustverrechnung mit Einkünften nach § 20 Abs. 1 Nr. 11 EStG ermöglicht	**Altverluste** aus Stillhaltergeschäften können also noch 5 Jahre lang mit zukünftigen Gewinnen aus Stillhaltergeschäften verrechnen werden	

Geändertes Gesetz Geänderte(r) §§ Anwendungs-zeitpunkt	Inhalt der Gesetzesänderung	Weiterführende Anmerkungen	Eigene Notizen
EStG **§ 22 Nr. 4 Satz 2** 1.7.2009	**Bezüge von EU-Abgeordneten**: Die aus dem EU-Haushalt geleisteten Entschädigungen, Übergangsgelder, Ruhegehälter bzw. Hinterbliebenenversorgung werden versteuert Einbehaltene Steuerabzüge werden angerechnet	Anpassung erfolgte an das ab Juli 2009 geltende neue Abgeordnetenstatut des Europäischen Parlaments	
EStG **§ 23 Abs. 3 Satz 4** 1.1.2009	**Private Veräußerungsgeschäfte:** Auch die sonstigen Einkünfte i. S. des § 22 Nr. 3 EStG werden in die Vorschrift aufgenommen, nach der der Veräußerungsgewinn für Wirtschaftsgüter, mit denen Einkünfte erzielt worden sind, um die bisher geltend gemachte AfA zu erhöhen sind	Erfasst wird damit nun auch die **Vermietung beweglicher Wirtschaftsgüter**, z.B. der Bereich des Container-Leasing Durch die Neuregelung wirkt sich auch hier die Verlängerung der Veräußerungsfrist auf 10 Jahre ab VZ 2008 aus, da sich nunmehr häufiger Veräußerungsgewinne ergeben werden	
EStG **§ 32 Abs. 6** **§ 66** 1.1.2009	Anhebung des **Kindergeldes** für das erste und zweite um jeweils 10 € und ab dem dritten Kind um je 16 monatlich Anhebung des **Kinderfreibetrages** 2009 auf 3.864	Der Freibetrag für Kinder einschließlich des unveränderten Freibetrags für den Betreuungs- und Ausbildungsbedarf beträgt danach 6.024 €	

1

Geändertes Gesetz Geänderte(r) §§ Anwendungs-zeitpunkt	Inhalt der Gesetzesänderung	Weiterführende Anmerkungen	Eigene Notizen
EStG **§ 32b Abs. 1** 1.1.2009; Änderung zur Neuregelung des § 2a EStG gilt bereits ab VZ 2008	**Progressionsvorbehalt:** Weil der Grundfreibetrag weiterhin für beschränkt steuerpflichtige Arbeitnehmer weiterhin gewährt wird (§ 50 Abs. 1 Satz 2 EStG), unterliegen diese Einkünfte weiterhin dem Progressionsvorbehalt Der negative und positive Progressionsvorbehalt bei bestimmten Einkünften aus Mitgliedstaaten der EU bzw. des EWR wird ausgeschlossen	Grundfreibetrag kann weiterhin beim Lohnsteuerabzug berücksichtigt werden; die allgemeine Bescheinigungspflicht nach § 41b EStG (elektronische Lohnsteuerbescheinigung) gilt auch für beschränkt steuerpflichtige Arbeitnehmer	
EStG **§ 32d Abs. 5, § 34c Abs. 1 und Abs. 6** 1.1.2009	**Quellensteueranrechnung und Abgeltungsteuer:** Diese Änderungen betreffen die Anrechnung ausländischer Steuern auf die Abgeltungsteuer	Anrechnung der gezahlten Quellensteuer wie auch einer fiktiven Quellensteuer bis zur Höhe der Abgeltungsteuer mit 25 % möglich; die Anrechnung kann die Steuer maximal bis auf 0 € reduzieren Eine Erstattung deutscher Steuern ist dadurch nicht möglich Anrechnung gilt auch bei einer beantragten Günstigerprüfung!	

Geändertes Gesetz Geänderte(r) §§ Anwendungs-zeitpunkt	Inhalt der Gesetzesänderung	Weiterführende Anmerkungen	Eigene Notizen
EStG **§ 34a** Ab VZ 2008	**Feststellungen zur Thesaurierungs-besteuerung:** Verfahrensrechtliche Regelungen zu Korrektur- bzw. zu Feststellungsmöglichkeiten ❐ Regelung einer besonderen Ablaufhemmung für die Verjährung im Zusammenhang mit der möglichen Antragsrücknahme ❐ Einheitliche und gesonderte Feststellung zu steuerfreien Gewinnen, nichtabzugsfähigen Betriebsausgaben, Entnahmen und Einlagen	Ggf. abweichende Wohnsitzfinanzämter erhalten durch die Feststellung Kenntnis über die zur Steuerermäßigung erforderlichen Daten	
EStG **§ 35** 1.1.2008	Klarstellung der **Berechnungsreihenfolge der Steuerermäßigungen**: Steuerermäßigung nach § 35 EStG hat Vorrang vor § 35a EStG.	Vgl. zu § 35 EStG auch BMF-Schreiben vom 19.9.2007, BStBl I 2007, 701	

1

Geändertes Gesetz Geänderte(r) §§ Anwendungszeitpunkt	Inhalt der Gesetzesänderung	Weiterführende Anmerkungen	Eigene Notizen
EStG **§ 35a Abs. 2 und Abs. 3** 1.1.2009	**Kosten für haushaltsnahe Beschäftigungsverhältnisse, Dienst-, Pflege oder Handwerkerleistungen** sind nunmehr in Höhe von einheitlich 20 % der Aufwendungen begünstigt Für haushaltsnahe Beschäftigungsverhältnisse sowie Dienst-, Pflege- und Betreuungsleistungen gibt es einen Höchstbetrag von 4.000 €; für die Inanspruchnahme von Handwerkerleistungen für Renovierungs-, Erhaltungs- und Modernisierungsmaßnahmen erhöht sich der Höchstbetrag auf 6.000 € Die bisherige Regelung, wonach die Aufwendungen für jeden Monat, in dem die Voraussetzungen für den Abzug dem Grunde nach nicht vorgelegen haben, um ein Zwölftel zu vermindern sind, wurde gestrichen	Die bisherige Förderung von Pflege- und Betreuungsleistungen in § 33a Abs. 3 EStG wurde im Gegenzug gestrichen; die Förderung erfolgt nur noch Rahmen des § 35a EStG	
EStG **§ 35b** 1.1.2009	**Einkommensteuerermäßigung** zur Verringerung der Doppelbelastung mit Einkommensteuer und Erbschaftsteuer	Gilt nur für Erwerbe von Todes wegen!	

Geändertes Gesetz Geänderte(r) §§ Anwendungs-zeitpunkt	Inhalt der Gesetzesänderung	Weiterführende Anmerkungen	Eigene Notizen
EStG **§ 37 Abs. 2 und Abs. 5** 1.1.2009	**Einkommensteuer-Vorauszahlungen**: Schwellenwerte werden verdoppelt auf 400 € im Kalenderjahr, 100 € im Vorauszahlungszeitpunkt und 5.000 € für eine nachträgliche Erhöhung Keine abweichenden Vorauszahlungstermine mehr bei den Einkünften aus Land- und Forstwirtschaft	Änderung bewirkt in Einzelfällen einen kleinen Liquiditätsvorteil, insbesondere wenn sich Einkünfte unvorhergesehen erhöhen	
EStG **§ 41a Abs. 2 Satz 2** 1.1.2009	Erhöhung der **Schwellenwerte für die Abgabe der Lohnsteuer-Anmeldungen**: Vierteljährliche Anmeldungen erst ab 1.000 €; monatliche Anmeldungen erst bei mehr als 4.000 €	Beschäftigt ein Arbeitgeber also nur eine **geringfügig beschäftigte Arbeitskraft** mit max. 400 € monatlichem Arbeitsentgelt, muss dieser nur noch eine Jahresanmeldung abgeben	

1

Geändertes Gesetz Geänderte(r) §§ Anwendungs-zeitpunkt	Inhalt der Gesetzesänderung	Weiterführende Anmerkungen	Eigene Notizen
EStG **§ 43 Abs. 2** 1.1.2008	**Ausnahmen vom Kapitalertragsteuerabzug**: Ausweitung der Ausnahmeregelungen zum Kapitalertragsteuerabzug für Körperschaften werden auf die Gewinneinkünfte des EStG und für nur beschränkt Steuerpflichtige auf Antrag Für Kapitalmaßnahmen i. S. des UmwStG wird die bisherige Regelung, die bei Verschmelzungen, Spaltungen oder Anteilstausch einen steuerneutralen Übertragungsvorgang fingiert und damit den Einbehalt der Kapitalertragsteuer vermeidet, enger an den Wortlaut des UmwStG angepasst	Der Antrag ist nach amtlichem Vordruck zu stellen, wobei die Zugehörigkeit zu den Gewinneinkünften bzw. zu der Personengruppe gegenüber dem sonst Abzugsverpflichteten (Bank) zu bestätigen ist	
EStG **§ 44 Abs. 1** 1.1.2009	Steuerabzug auch bei der **Veräußerung von Dividendenscheinen und bei Einkünften aus Termingeschäften**	Steuerabzug gilt nur, sofern die Vorgänge über ein Kreditinstitut abgewickelt werden	

Geändertes Gesetz Geänderte(r) §§ Anwendungszeitpunkt	Inhalt der Gesetzesänderung	Weiterführende Anmerkungen	Eigene Notizen
EStG **§ 45d Abs. 3** 1.1.2009	Einführung einer **Anzeigepflicht von Versicherungsvermittlern** für Verträge mit ausländischen Versicherungsunternehmen bis zum 30.3. des Folgejahres	Regelung dient der Absicherung der Besteuerung der Erträge aus kapitalbildenden Lebensversicherungen Anzeigepflicht greift nicht, wenn das Versicherungsunternehmen eine Niederlassung im Inland hat oder das Versicherungsunternehmen die Meldung selbst vornimmt	
EStG **§ 46 Abs. 2 Nr. 3a** 1.1.2010	**Pflichtveranlagung**, wenn anstelle der Lohnsteuerklassen III/V das **Faktorverfahren** des neuen § 39f EStG gewählt wird	Nach Ablauf des Jahres ist hier zwingend eine Einkommensteuererklärung abzugeben	

1

Geändertes Gesetz Geänderte(r) §§ Anwendungszeitpunkt	Inhalt der Gesetzesänderung	Weiterführende Anmerkungen	Eigene Notizen
EStG **§ 49 Abs. 1** 1.1.2009	**Erweiterung der beschränkten Steuerpflicht**: Tatbestand ausgedehnt auf **künstlerische, sportliche, artistische, unterhaltende oder ähnliche Darbietungen**; zudem wird auch eine unterhaltende Darstellung von Künstlern erfasst, wenn diese keine eigenschöpferische Leistung darstellt Einkünfte aus der **Überlassung von Grundbesitz und Rechten** werden künftig unabhängig von einer inländischen Betriebsstätte auch als gewerbliche Einkünfte berücksichtigt Besteuerung von im Inland steuerfrei gestellten **Leistungen aus Pensionsfonds, Pensionskassen und Direktversicherungen** an beschränkt Steuerpflichtige wurde ermöglicht	Nach bisheriger Rechtslage führte die Vermietung von inländischem Grundbesitz oder von Rechten im Regelfall zu Vermietungseinkünften, selbst wenn sie der gewerblichen Tätigkeit zuzurechnen ist	
EStG **§§ 50, 50a** 1.1.2009	Geänderte Sondervorschriften für **beschränkt Steuerpflichtige** Änderungen zum **Steuerabzug** bei beschränkter Steuerpflicht	Anpassungen an die Rechtsprechung des EuGH	

Geändertes Gesetz Geänderte(r) §§ Anwendungszeitpunkt	Inhalt der Gesetzesänderung	Weiterführende Anmerkungen	Eigene Notizen
EStG **§ 51a** 1.1.2009	Die im Zuge der Abgeltungsteuer einbehaltene **Kirchensteuer** auf private Kapitalerträge ist nicht mehr als Sonderausgabe absetzbar	Der Sonderausgabenabzug dürfte erhalten bleiben, wenn die Kapitalerträge bei der Veranlagung berücksichtigt werden und hierauf Kirchensteuer gezahlt wird	
EStG **§ 52 Abs. 4a** VZ 2006/2007 bzw. 1.1.2009	**Übergangsregelung zur Steuerfreiheit für Abfindungen**: Ergänzt wurde die bisherige Übergangsregelung noch um eine Änderungsmöglichkeit für bereits ergangene Steuerbescheide Zusätzlich wurde eine weitere **Übergangsregelung zur Steuerfreiheit von Übergangsbeihilfen für Soldatinnen und Soldaten** auf Zeit (§ 3 Nr. 10 EStG), deren Dienstverhältnis vor dem 1.1.2006 begann, aufgenommen; Zufluss noch vor dem 1.1.2009 ist hier nicht mehr erforderlich	Mit der Änderungsmöglichkeit kann die Steuerfreiheit in allen **noch offenen Einkommensteuerbescheiden 2006 und 2007** gewährt werden. Für bereits bestandskräftige Bescheide wird eine Verwaltungsanweisung eine **Änderung aus sachlichen Billigkeitsgründen** anweisen	

1

Geändertes Gesetz Geänderte(r) §§ Anwendungs-zeitpunkt	Inhalt der Gesetzesänderung	Weiterführende Anmerkungen	Eigene Notizen
GewStG **§ 9 Nr.1 S. 5 Nr. 1a** Ab Erhebungs-zeitraum2009	**Einschränkung der erweiterten Kürzung für Grundstücksunternehmen**: Ab Erhebungszeitraum 2009 werden bei grundbesitzverwaltenden Personengesellschaften nur noch Sondervergütungen an Mitunternehmer in die erweiterte Kürzung einbezogen, die auf eine Überlassung von Grundbesitz entfallen Gilt für alle Personengesellschaften, die nach § 15 Abs. 1 Satz 1 Nr. 2 EStG hinzuzurechnende Vergütungen z. B. für eine Beratungsleistung oder Zinsen für ein Darlehen an einen Gesellschafter zahlen	Beachten Sie die **Sonderregelung für Altfälle** (§ 36 Abs. 6a GewStG): Die Neuregelung greift nur für nach dem Kabinettsbeschluss erstmals vereinbarte Vergütungen. Vorsicht ist geboten bei **wesentlichen Änderungen bestehender Vereinbarungen**; diese werden als neue Vereinbarung gewertet	
GewStG **§ 10a Satz 9** Gilt für Erwerbe nach dem Tag der 3. Lesung des JStG 2009 im Bundestag (= 28.11.2008)	**Wegfall des Gewerbeverlusts:** **Ausgliederung eines verlustverusachenden Betriebs auf eine Tochter-Personengesellschaft** führt zukünftig wegen eines gesetzlich angeordneten Wechsels in der Unternehmeridentität zum Wegfalls des Gewerbeverlustes bei der Personengesellschaft	Folgende Gestaltung wird dadurch unterbunden: Vor dem Erwerb einer Beteiligung an einer Körperschaft konnte bisher der verlustverursachende Betrieb auf eine Tochter-Personengesellschaft ausgliedert und dadurch zumindest der Verlustabzug zur Gewerbesteuer auf die Tochter-Personengesellschaft übertragen werden	

Geändertes Gesetz Geänderte(r) §§ Anwendungszeitpunkt	Inhalt der Gesetzesänderung	Weiterführende Anmerkungen	Eigene Notizen
GewStDV **§ 19** Ab Erhebungszeitraum 2008	**Zinshinzurechnung bei Leasing- bzw. Factoringunternehmen:** Diese Unternehmen werden künftig von der Hinzurechnung von Zinsen nach § 8 Nr. 1a GewStG ausgenommen, da sie einer eingeschränkten Kreditaufsicht nach § 1 Abs. 1a KWG unterliegen und daher das sog. Bankenprivileg nutzen können	Für betroffene Unternehmen ergibt sich so ab 2009 eine erhebliche Gewerbesteuerersparnis	
InvZulG 2010 Gilt für alle Investitionen, die nach Verkündung des Gesetzes (10.12.2008) und vor 2010 begonnen werden	**Verlängerung der Investitionszulageförderung** über 2009 hinaus bis Ende 2013 Durch die degressive Ausgestaltung der Fördersätze stehen bis 2013 abschmelzende steuerfreie Zulagen zur Verfügung Der Förderzeitraum umfasst dabei nach dem 31.12.2009 und vor dem 1.1.2014 abgeschlossene Investitionen	Für Investitionen vor Verkündung des InvZulG 2010 gilt das InvZulG 2007, dessen Geltung bis 31.12.2009 verlängert wurde	
KStG **§ 14 Abs. 2** 1.1.2009	Bisheriges **Organschaftsverbot für Lebens- und Krankenversicherungsunternehmen** wird aufgehoben	Prüfen Sie die Vorteile einer körperschaftsteuerlichen Organschaft für diese Unternehmen!	

1

Geändertes Gesetz Geänderte(r) §§ Anwendungszeitpunkt	Inhalt der Gesetzesänderung	Weiterführende Anmerkungen	Eigene Notizen
KStG **§ 24** **§ 25** 1.1.2009	Erhöhung der **Freibeträge für Betriebe gewerblicher Art von juristischen Personen des öffentlichen Rechts, Versicherungsvereine auf Gegenseitigkeit und Vereinen und Stiftungen**, deren Leistungen bei den Empfängern nicht zu Einnahmen nach § 20 EStG führen, auf 5.000 € pro Jahr Für **Erwerbs- und Wirtschaftsgenossenschaften sowie in der Land- und Forstwirtschaft tätige Vereine** erhöht sich der Freibetrag von 13.498 € auf 15.000 € pro Jahr		
KStG **§ 37 Abs. 5 Satz 6** Gilt rückwirkend ab 2008	**Auszahlung des Körperschaftsteuerguthabens:** Auszahlung grds. in 10 Jahresraten im Zeitraum 2008 bis 2017; Ausnahme: Einmalbetrag bei Kleinbeträgen (festgesetzte Körperschaftsteuerguthaben nicht mehr als 1.000 €)	Vgl. hierzu BMF Schreiben vom 21.7.2008, BStBl I 2008, 741	

Geändertes Gesetz Geänderte(r) §§ Anwendungs-zeitpunkt	Inhalt der Gesetzesänderung	Weiterführende Anmerkungen	Eigene Notizen
UmwStG **§ 2 Abs. 4** Gültig für Erwerbe ab dem 28.11.2008 (Tag der 3. Lesung des JStG 2009 im Bundestag)	**Einschränkung der Gestaltungen zur Rückwirkungsfiktion:** Die Nutzung eines Verlusts oder Zinsvortrags durch Rückwirkung (§ 2 Abs. 1 und 2 UmwStG) ist nur noch möglich, wenn dieser auch ohne die Umwandlung hätte ausgeglichen oder verrechnet werden können	**Wichtig für Altfälle**: Das Gestaltungsmodell bleibt nur noch für Erwerbe bis zum 28.11.2008 (Tag der 3. Lesung des JStG 2009 im Bundestag) und Abschluss der Umwandlung oder Einbringung in 2009 möglich	
UmwStG **§ 4 Abs. 6** 1.1.2009 (gekoppelt an die Anwendung des Teileinkünfteverfahrens)	Anpassung der Regelungen zum **Übernahmeverlust** an das ab 2008 geltende Teileinkünfteverfahren (bisher: Halbeinkünfteverfahren)	**Folge der Änderung**: Der Übernahmeverlust wird jetzt grds. mit 60 % berücksichtigt, höchstens aber mit 60 % der Bezüge nach § 7 UmwStG	
UStG **§§ 3a, 3b, 3e** 1.1.2010	Neuregelung des **Orts der Lieferung** von Gegenständen an Bord eines Beförderungsmittels innerhalb des Gemeinschaftsgebiets und der **sonstigen Leistung bzw. Beförderungsleistung**	Anpassung an die geänderte Mehrwertsteuer-Richtlinie	
UStG **§§ 3 Abs. 9a, 15 Abs. 1b** unverändert	Die geplante Änderung hälftige **Beschränkung des Vorsteuerabzugs bei Firmenwagen** erfolgte nicht!	Der volle Vorsteuerabzug bleibt erhalten; die Privatnutzung ist zu versteuern	

1

Geändertes Gesetz Geänderte(r) §§ Anwendungs-zeitpunkt	Inhalt der Gesetzesänderung	Weiterführende Anmerkungen	Eigene Notizen
UStG **§§ 4 Nr. 14 und 4 Nr. 16** 1.1.2009	**Steuerbefreiungen für Heilberufler:** Kreis der bisher aufgeführten umsatzsteuerbefreiten ärztlichen und arztähnlichen Berufe wurde an EU-Vorgaben angepasst Nicht nur die Leistungen der **Zusammenschlüsse von Ärzten oder ähnlicher Berufe** an ihre Mitglieder sind steuerbefreit, sondern auch Leistungen an Mitglieder der Zusammenschlüsse von Einrichtungen i. S. des § 4 Nr. 14 Buchstabe b UStG, wie z. B. Krankenhäuser	Nicht unter die Befreiungsvorschrift fallen zukünftig **klinische Chemiker**! Nicht begünstigt bleiben Leistungen wie Buchführung, Rechtsberatung oder die Tätigkeit einer ärztlichen Verrechnungsstelle	
UStG **§ 14 Abs. 2 Satz 1 Nr. 2** **§ 14 Abs. 3** **§ 27 Abs. 15** Gilt für Umsatze nach dem 31.12.2008	Keine **Rechnung** mehr über eine nach § 4 Nr. 8 bis 28 UStG steuerfreie Leistung, die an andere Unternehmer oder an juristische Personen, die nicht Unternehmer sind, erbracht wird	Auch Übermittlung einer **Sammelrechnung** bei einer Übermittlung der Rechnungen über elektronischen Datenaustausch nicht mehr erforderlich	
UStG **§ 18 Abs. 2** 1.1.2009	Die **Schwellenwerte der Umsatzsteuer-Voranmeldungen** erhöhen sich für die vierteljährliche Abgabepflicht auf 1.000 € und für die monatliche Voranmeldung auf 7.500 €	Maßnahme verringert den Verwaltungsaufwand für kleinere Unternehmen oder Freiberufler mit geringen Umsätzen	

Geändertes Gesetz Geänderte(r) §§ Anwendungs-zeitpunkt	Inhalt der Gesetzesänderung	Weiterführende Anmerkungen	Eigene Notizen
UStG **§ 18 Abs. 9** 1.1.2010	Umstellung der Neuregelung des **Vorsteuervergütungsverfahrens** für im EU-Raum ansässige Unternehmer auf ein elektronisches Verfahren	Vorsteuervergütungsanträge sind künftig über das vom Ansässigkeitsmitgliedstaat einzurichtende elektronische Portal an den EU-Staat der Vergütung zu richten	

§ 2 Wichtige neue BFH-Rechtsprechung

Vorschrift; Gericht; Datum der Entscheidung; Aktenzeichen; Fundstelle	Inhalt der Entscheidung	Weiterführende Anmerkungen	Eigene Notizen
AO § 42 BFH 29.5.2008 IX R 77/06 BFH/NV 2008, 1565	Kein Gestaltungsmissbrauch bei **Veräußerung von GmbH-Anteilen an beteiligungsidentische GmbH**	**Gezielte Verlustnutzung** bei Veräußerung eines GmbH-Anteils an eine beteiligungsidentische GmbH, deren Tätigkeit sich auf das Halten der veräußerten Anteile beschränkt, ist kein Gestaltungsmissbrauch	
AO § 44 BFH 30.9.2008 VII R 18/08 BFH/NV 2008, 2075	Werden Vorauszahlungen auf die Einkommensteuer zusammen veranlagter Eheleute ohne die ausdrückliche Bestimmung geleistet, dass mit der Zahlung nur die Schuld des Leistenden beglichen werden soll, muss das Finanzamt eine **Überzahlung** beiden Eheleuten zu gleichen Teilen erstatten; das gilt auch, wenn über das Vermögen des anderen Ehegatten das Insolvenzverfahren eröffnet war	Hinsichtlich eines **Erstattungsanspruch** kommt es nicht darauf an, von wem und mit wessen Mitteln gezahlt worden ist, sondern nur darauf, wessen Steuerschuld nach dem für das Finanzamt erkennbaren Willen des Zahlenden getilgt werden sollte	

Vorschrift; Gericht; Datum der Entscheidung; Aktenzeichen; Fundstelle	Inhalt der Entscheidung	Weiterführende Anmerkungen	Eigene Notizen
AO § 169 Abs. 2 BFH 26.2.2008 VIII R 1/07 BStBl II 2008, 659	Die Festsetzungsfrist für den Erlass eines Haftungsbescheides ist gemäß § 191 Abs. 3 Satz 2 2. HS AO bei leichtfertiger Steuerverkürzung nur in den Fällen auf 5 Jahre verlängert, in denen die **Haftungsinanspruchnahme auf § 70 AO** beruht, nicht aber für jeden Fall der Haftung, dem eine leichtfertige Steuerverkürzung zugrunde liegt	Mit der Entscheidung des BFH ist verbindlich geklärt, dass in **Erstattungsfällen grundsätzlich nur die reguläre vierjährige Festsetzungsfrist** zum Zuge kommt, somit eine Nacherklärung bislang verschwiegener Einkünfte und eine Anrechnung von Abzugssteuern mit dem Ziel einer Erstattung ausgeschlossen ist	
AStG § 2 BFH 19.12.2007 I R 19/06 BFH/NV 2008, 672	**„Erweitert" und „einfach" beschränkte Steuerpflicht eines Berufssportlers** mit Einkünften aus Werbeaktivitäten	**Überlassung von eigenen Persönlichkeitsrechten** ist eine Vermietung iSv. § 49 Abs. 1 Nr. 6 EStG. Erfasst werden aber nur Vergütungen für die Vermarktung des Namens, des Bildes und der Unterschrift des Steuerpflichtigen	
AStG § 6 Abs. 1 BFH 23.9.2008 I B 92/08 BFH/NV 2008, 2085	**Gemeinschaftsrechtmäßigkeit und Verfassungsmäßigkeit** der sog. **Wegzugsteuer** nach § 6 Abs. 1 AStG a.F. i.V.m. § 6 Abs. 5, § 21 Abs. 13 Satz 2 AStG n.F. nicht ernstlich zweifelhaft	Vgl. hierzu Anmerkung von Dräger, sj 2008, Nr 24, 10	

2

Vorschrift; Gericht; Datum der Entscheidung; Aktenzeichen; Fundstelle	Inhalt der Entscheidung	Weiterführende Anmerkungen	Eigene Notizen
ErbStG § 7 Abs. 1 Nr. 1 BFH 16.1.2008 II R 10/06 BStBl II 2008, 631	Mit der **schenkweisen Einräumung einer Unterbeteiligung an einem Gesellschaftsanteil**, die nicht die Voraussetzungen einer atypischen Unterbeteiligung erfüllt, wird noch kein Vermögensgegenstand zugewendet	**Literaturhinweise:** Konrad, HFR 2008, 605; Kilches, BFH-PR 2008, 279; Grewe, ErbBstg 2008, 139; Hartmann, ErbStB 2008, 134	
ErbStG § 7 Abs. 1 Nr. 1 BFH 7.11.2007 II R 28/06 BStBl II 2008, 258	Zahlt eine GmbH auf Veranlassung eines Gesellschafters einer diesem nahestehenden Person **überhöhte Vergütungen**, liegt regelmäßig keine freigebige Zuwendung des Gesellschafters an die nahestehende Person gemäß § 7 Abs. 1 Nr. 1 ErbStG vor. Eine gemischte freigebige Zuwendung kann jedoch im Verhältnis der GmbH zur nahestehenden Person gegeben sein	IdR wird eine **verdeckte Gewinnausschüttung** gegeben sein **Literaturhinweise:** Jülicher, jurisPR-SteuerR 23/2008 Anm. 5; Görden, AO-StB 2008, 64; Staats, BB 2008, 1550; Korn, BeSt 2008, 23; Kilches, BFH-PR 2008, 169	
EStG § 3 Nr. 12 BFH 11.09.2008 VI R 13/06 BFH/NV 2008, 1933	Gleichheitswidrige Begünstigung der Abgeordneten aufgrund der diesen gewährten **steuerfreien Kostenpauschale**	**Verfassungsbeschwerde eingelegt** (Az. des BVerfG: 2 BvR 2228/08).	

Vorschrift; Gericht; Datum der Entscheidung; Aktenzeichen; Fundstelle	Inhalt der Entscheidung	Weiterführende Anmerkungen	Eigene Notizen
EStG § 3 Nr. 26 BFH 22.7.2008 VIII R 101/02 BFH/NV 2008, 1747	Steuerfreiheit von **Lehrvergütungen im Ausland**: Zahlungen einer französischen Universität für einen von einem deutschen Steuerpflichtigen versehenen Lehrauftrag sind im Inland gemäß § 3 Nr. 26 EStG steuerfrei	Vgl. hierzu EuGH-Urteil vom 18.12.2007 Rs. C-281/06 „Jundt", BFH/NV 2008, Beilage 2, 93	
EStG § 4 Abs. 2 BFH 23.1.2008 I R 40/07 BStBl II 2008, 669	Nachträgliche Bildung von Rückstellungen im Wege einer **Bilanzberichtigung und Bilanzänderung**: Eine Bilanz kann nicht nach § 4 Abs. 2 Satz 1 EStG geändert („berichtigt") werden, wenn sie nach dem Maßstab des Erkenntnisstands im Zeitpunkt ihrer Erstellung den Grundsätzen ordnungsmäßiger Buchführung entspricht	„Großzügigere" Sicht bei Bilanzänderung: Ist eine Bilanz zu berichtigen, können, soweit die Berichtigung reicht, Bilanzposten, die rückschauend objektiv gegen die GoB verstoßen, aber subjektiv richtig sind, im Wege der **Bilanzänderung** – kompensierend -korrigiert werden (vgl Heger, jurisPR-SteuerR 34/2008 Anm. 2)	
EStG § 4 Abs. 2 BFH 17.7.2008 I R 85/07 BFH/NV 2008, 1925	Zu den Voraussetzungen einer zulässigen **Bilanzberichtigung und Bilanzänderung** Die **höchstrichterliche Klärung einer Rechtsfrage** kann jedenfalls dann im Wege einer Bilanzänderung umgesetzt werden, wenn die bilanzrechtliche Situation im Zeitpunkt der Bilanzaufstellung objektiv unklar war	Zur nachträglichen Bildung einer **Rückstellung für die Aufbewahrung von Geschäftsunterlagen** siehe Ortmann-Babel, BB 2008, 2400	

2

Vorschrift; Gericht; Datum der Entscheidung; Aktenzeichen; Fundstelle	Inhalt der Entscheidung	Weiterführende Anmerkungen	Eigene Notizen
EStG § 4 Abs. 4 BFH 10.6.2008 VIII R 76/05 BFH/NV 2008, 1732	**Verhältnis von Betriebsausgabenabzug und Werbungskostenpauschale** bei vergleichbaren Aufwendungen für zwei Einkunftsarten Der Steuerpflichtige, der Einnahmen aus nichtselbständiger Arbeit erzielt, hat einen Rechtsanspruch auf den Ansatz des ungekürzten Arbeitnehmer-Pauschbetrages, selbst wenn feststeht, dass keine oder nur geringe Werbungskosten angefallen sind	Der Steuerpflichtige kann bei mit mehreren Einkunftsarten im Zusammenhang stehenden Erwerbsaufwendungen keine beliebige Zuordnung vornehmen und auf diese Art und Weise einerseits den Arbeitnehmer-Pauschbetrag in voller Höhe und daneben sämtliche nachgewiesenen Aufwendungen als Betriebsausgaben geltend machen	
EStG § 4 Abs. 5 Nr. 2 i.V.m. § 9 Abs. 5 BFH 19.6.2008 VI R 48/08 BStBl II 2008, 870	Zur **Abzugsfähigkeit von Bewirtungskosten bei Arbeitnehmern:** Aus beruflichen Gründen getragene **Aufwendungen des Arbeitnehmers für eine Bewirtung des Arbeitgebers** sind in voller Höhe als Werbungskosten zu berücksichtigen, soweit er damit endgültig wirtschaftlich belastet ist	Entscheidend ist, dass der Arbeitnehmer selbst als bewirtende Person auftritt!	

Vorschrift; Gericht; Datum der Entscheidung; Aktenzeichen; Fundstelle	Inhalt der Entscheidung	Weiterführende Anmerkungen	Eigene Notizen
EStG § 4 Abs. 5 Nr. 2 i.V.m. § 9 Abs. 5 BFH 19.6.2008 VI R 33/07 BFH/NV 2008, 1922	Zur **Abzugsfähigkeit von Bewirtungskosten bei Arbeitnehmern**: Bewirtet ein leitender Arbeitnehmer mit variablen Bezügen seine Arbeitskollegen, insbesondere ihm unterstellte Mitarbeiter, so unterliegen die Bewirtungsaufwendungen nicht der Abzugsbeschränkung	Vgl. hierzu auch Anmerkung von Bergkemper, jurisPR-SteuerR 48/2008 Anm. 2	
EStG § 4 Abs. 5 Nr. 2 i.V.m. § 9 Abs. 5 BFH 6.3.2008 VI R 68/06 BFH/NV 2008, 1316	Zur **Abzugsfähigkeit von Bewirtungskosten bei Arbeitnehmern**: Dem beruflichen Veranlassungszusammenhang der Bewirtungsaufwendungen steht nicht entgegen, dass der Arbeitnehmer keine erfolgsabhängigen Einnahmen erzielt	Nach wohl h.M. greift § 4 Abs. 5 Satz 1 Nr. 2 EStG nicht ein, wenn ein Arbeitnehmer eine Feier ausschließlich für seine Mitarbeiter ausrichtet, die insoweit demselben Arbeitgeber unterstehen (Schmidt/Heinicke, EStG, 27. Aufl. 2008, § 4 Rn. 542; vgl. auch BFH, Urt. v. 18.9.2007 - I R 75/06 - BStBl II 2008, 116)	

2

Vorschrift; Gericht; Datum der Entscheidung; Aktenzeichen; Fundstelle	Inhalt der Entscheidung	Weiterführende Anmerkungen	Eigene Notizen
EStG § 4 Abs. 5 Nr. 2 i.V.m. § 9 Abs. 5 BFH 10.7.2008 VI R 26/07 BFH/NV 2008, 1831	Zur **Abzugsfähigkeit von Bewirtungskosten bei Arbeitnehmern:** Der **Anlass einer Feier** ist nicht das allein entscheidende Kriterium für die Beurteilung der beruflichen oder privaten Veranlassung von Bewirtungsaufwendungen Trotz eines **herausgehobenen persönlichen Ereignisses** kann sich aus den übrigen Umständen des Einzelfalls ergeben, dass die Aufwendungen für die Feier beruflich veranlasst sind	Die Kosten eines Empfangs im Anschluss an eine Antrittsvorlesung können ebenso beruflich veranlasst sein wie die Aufwendungen für ein Betriebsfest Vgl. hierzu auch Anmerkung von Bergkemper, jurisPR-SteuerR 39/2008 Anm. 2	
EStG § 4 Abs. 5 Nr. 6b BFH 14.3.2008 IX B 183/07 BFH/NV 2008, 1146	**Häusliches Arbeitszimmer:** Aufwendungen für die (nicht durch die Reparatur des Gebäudes veranlasste) Neuanlage eines Gartens sind nicht anteilig den Kosten des häuslichen Arbeitszimmers im selbst genutzten Einfamilienhaus zuzurechnen	Zur **möglichen Verfassungswidrigkeit der Neufassung ab 2007** sind mehrere Verfahren bei den FG anhängig: FG Berlin-Brandenburg (Az.: 13 K 110/07); FG Rheinland-Pfalz (Az.: 3 K 1132/07); FG Thüringen (Az.: 4 K 351/07) und Niedersächsisches FG (Az.: 7 K 146/08) Einspruch einlegen und Ruhen des Verfahrens beantragen!	

Vorschrift; Gericht; Datum der Entscheidung; Aktenzeichen; Fundstelle	Inhalt der Entscheidung	Weiterführende Anmerkungen	Eigene Notizen
EStG § 6 Abs. 1 Nr. 2 Satz 2 BFH 26.9.2007 I R 58/06 BFH/NV 2008, 432	Von einer **voraussichtlich dauernden Wertminderung** ist bei börsennotierten Aktien, die als Finanzanlage gehalten werden, auszugehen, wenn der Börsenwert zum Bilanzstichtag unter die Anschaffungskosten gesunken ist und zum Zeitpunkt der Bilanzerstellung keine konkreten Anhaltspunkte für eine alsbaldige Wertaufholung vorliegen	Der BFH lässt offen, ob jede Wertveränderung nachzuvollziehen ist, oder ob aus verwaltungs-ökonomischen Gründen Wertschwankungen innerhalb einer bestimmten Bandbreite unbeachtlich sind. Nichtanwendungserlass der OFD Hannover v. 7.5.2008 - S 2174-61-StO 222/221	
EStG § 6 Abs. 1 Nr. 4 BFH 10.4.2008 VI R 38/06 BStBl II 2008, 768	Die Aufzeichnungen im **Fahrtenbuch** müssen eine hinreichende Gewähr für ihre Vollständigkeit und Richtigkeit bieten. **Kleinere Mängel** führen nicht zur Verwerfung des Fahrtenbuchs und Anwendung der 1 %-Regelung, wenn die Angaben insgesamt plausibel sind	Zur Entkräftung des für eine Privatnutzung sprechenden Anscheinsbeweises ist kein Fahrtenbuch erforderlich! Nachweis in anderer Form zulässig	

2

Vorschrift; Gericht; Datum der Entscheidung; Aktenzeichen; Fundstelle	Inhalt der Entscheidung	Weiterführende Anmerkungen	Eigene Notizen
EStG § 8 BFH 4.4.2008 VI R 85/04 BStBl II 2008, 887	Betriebssitz ist bei wöchentlichem Aufsuchen durch Außendienstmitarbeiter **(regelmäßige) Arbeitsstätte** **Zuschlag nach § 8 Abs. 2 Satz 3 EStG** hängt von tatsächlicher Nutzung des Dienstwagens ab	Zur Ermittlung des Zuschlags ist eine **Einzelbewertung der Fahrten mit 0,002 % des Listenpreises** i.S. des § 6 Abs. 1 Nr. 4 Satz 2 EStG je Entfernungskilometer vorzunehmen Beachten Sie: **Nichtanwendungserlass des BMF vom 23.10.2008;** Zur Vermeidung eines Haftungsrisikos sollte dem Arbeitgeber im Lohnsteuerabzugsverfahren geraten werden, den Nichtanwendungserlass zu beachten!	
EStG § 8 BFH 4.4.2008 VI R 68/05 BStBl II 2008, 890	Wird der **Dienstwagen auf dem Weg zwischen Wohnung und Arbeitsstätte nur auf einer Teilstrecke eingesetzt**, beschränkt sich der Zuschlag gem. § 8 Abs. 2 Satz 3 EStG auf diese Teilstrecke	Grds. spricht ein **Anscheinsbeweis** für die Nutzung der Gesamtstrecke. Der Anscheinsbeweis kann aber entkräftet werden, z.B. durch Vorlage einer für eine Teilstrecke auf den Arbeitnehmer ausgestellten Jahres-Bahnfahrkarte	

Vorschrift; Gericht; Datum der Entscheidung; Aktenzeichen; Fundstelle	Inhalt der Entscheidung	Weiterführende Anmerkungen	Eigene Notizen
EStG, § 8 Abs. 1 BFH 2.9.2008 X R 25/07 DStR 2008, 2359	Der **Gewinn aus Losen**, die Vertriebsmitarbeiter für die Erzielung bestimmter Umsätze erhalten, ist betrieblich veranlasst	**Beachten Sie:** Betriebseinnahmen können auch vorliegen, wenn der Steuerpflichtige als Betriebsinhaber unentgeltliche Zuwendungen erhält, mit denen weder ein zuvor begründeter Rechtsanspruch erfüllt, noch eine in der Vergangenheit erbrachte Leistung vergütet werden soll	
EStG § 9 Abs. 1 BFH 27.2.2008 VI B 40/07 BFH/NV 2008, 955	Aufwendungen einer Berufsreiterin für ein von ihr gehaltenes und für den Turniereinsatz bestimmtes **Pferd als Werbungskosten**	Vgl. hierzu auch FG Düsseldorf, Urteil vom 22.6.1982 (XV 691/78 E, EFG 1983, 65) zum **Reitpferd eines Reitlehrers als Arbeitsmittel**	
EStG § 9 Abs. 1 BFH 7.2.2008 VI R 75/06 BFH/NV 2008, 863	Zu den Voraussetzungen des Werbungskostenabzugs bei wirtschaftlichem **Verlust einer Darlehensforderung eines Arbeitnehmers**	Um einen Werbungskostenabzug des Arbeitnehmers bei wirtschaftlichem Verlust einer verzinslichen Darlehensforderung zu bejahen, muss zum einen (negativ) festgestellt werden, dass die Erzielung von Zinsen kein entscheidendes Motiv für die Hingabe des Darlehens war. Zum anderen muss das hingegebene Darlehen zur Rettung des Arbeitsplatzes dienen	

2

Vorschrift; Gericht; Datum der Entscheidung; Aktenzeichen; Fundstelle	Inhalt der Entscheidung	Weiterführende Anmerkungen	Eigene Notizen
EStG § 9 Abs. 1 BFH 20.8.2008 VI B 17/08 n.v.	Kein Werbungskostenabzug bei **Verlusten in der privaten Vermögenssphäre:** Bei der Einkünfteermittlung im Rahmen der Überschusseinkünfte bleiben Wertänderungen eines Wirtschaftsguts im Falle seiner Veräußerung (Veräußerungsgewinn bzw. Veräußerungsverlust) grundsätzlich außer Betracht	Werbungskosten können unter Beachtung des objektiven Nettoprinzips nur vorliegen, wenn die Gründe für den Verlust privater Wirtschaftsgüter in der Berufssphäre bzw. Erwerbssphäre liegen	
EStG § 9 Abs. 1, § 20 Abs. 1 BFH 06.3.2008 VIII B 145/07 n.v.	**Werbungskostenabzug von Schuldzinsen für eine Kapitalanlage:** Zwischen den Kreditzinsen für eine Kapitalanlage und den Einkünften aus Kapitalvermögen besteht ein Veranlassungszusammenhang i.S. von § 9 Abs. 1 EStG, sofern bei der Kapitalanlage nicht die Absicht der Erzielung steuerfreier Vermögensvorteile im Vordergrund steht	Vgl. auch BFH-Urteil vom 8.7.2003 - VIII R 43/01, BStBl II 2003, 937: Keine Aufteilung der Schuldzinsen bei einheitlich angeschafften, teilweise fremdfinanzierten Bundesanleihen	

Vorschrift; Gericht; Datum der Entscheidung; Aktenzeichen; Fundstelle	Inhalt der Entscheidung	Weiterführende Anmerkungen	Eigene Notizen
EStG § 9 Abs. 1 BFH 30.9.2008 VI R 4/07 BFH/NV 2008, 2116	Aufwendungen für die **Schulung zum Verkehrsflugzeugführer und Privatflugzeugführer** im Rahmen einer durchgehenden Ausbildung als Werbungskosten abziehbar	**Bildungsaufwendungen** können, wenn sie beruflich veranlasst sind, Werbungskosten sein. Das trifft in besonderer Weise auf typische Umschulungskosten zu. Ab VZ 2004 ist § 12 Nr. 5 EStG zu beachten! Zur Abgrenzung siehe auch BFH-Urteil vom 27.5.2003 - VI R 85/02, BStBl II 2005, 202	
EStG § 9 Abs. 1 **§ 21 Abs. 1** BFH 28.10.2008 IX R 1/07 DB 2008, 2741	Zum **Nachweis der Einkünfteerzielungsabsicht** bei einer nach Selbstnutzung **leer stehenden Wohnung**: Seinen endgültigen Entschluss, diese Wohnung zu vermieten, muss der Steuerpflichtige durch ernsthafte und nachhaltige Vermietungsbemühungen belegen	Zum Nachweis dienen z.B. Vermietungsanzeigen oder die Dokumentation von Gesprächen mit Mietinteressenten	

2

Vorschrift; Gericht; Datum der Entscheidung; Aktenzeichen; Fundstelle	Inhalt der Entscheidung	Weiterführende Anmerkungen	Eigene Notizen
EStG § 9 Abs. 1, § 21 Abs. 1 BFH 24.6.2008 IX R 26/06 BFH/NV 2008, 1482	**Aufteilungsmaßstab bei gebäudebezogenen Aufwendungen:** Können Aufwendungen den verschieden genutzten Gebäudeteilen (fremde und eigene Wohnzwecke) nicht eindeutig zugeordnet werden, sind sie regelmäßig nach dem Verhältnis der eigengenutzten Wohnflächen/ Nutzflächen des Gebäudes zu denen, die der Vermietung und damit der Einkünfteerzielung dienen, als Werbungskosten zu berücksichtigen	Aufwendungen entfallen auf den vermieteten Teil eines gemischt genutzten Gebäudes, wenn sie eindeutig zugeordnet sind; im Übrigen ist regelmäßig nach Flächenanteilen aufzuteilen, sofern dies nicht zu einem ersichtlich sachwidrigen Ergebnis führt	
EStG § 9 Abs. 1 BFH 7.2.2008 VI R 41/05 BFH/NV 2008, 1136	Zur **Abziehbarkeit von Studienkosten und BAföG-Rückzahlungen**: Darlehensfinanzierte Aufwendungen sind bereits im Veranlagungszeitraum der Verausgabung der Darlehensmittel steuerermäßigend abzusetzen Tilgungsraten auf ein BAföG-Darlehen können nach Studienabschluss nicht steuermindernd berücksichtigt werden	Soweit **Studienaufwendungen von Dritten finanziert** werden, beachten Sie: Abzugsfähig sind auch Aufwendungen, die mit Unterhaltsleistungen finanziert bzw. vom Ehegatten auf eine Schuld des Steuerpflichtigen geleistet wurden	

Vorschrift; Gericht; Datum der Entscheidung; Aktenzeichen; Fundstelle	Inhalt der Entscheidung	Weiterführende Anmerkungen	Eigene Notizen
EStG § 9 Abs. 1 BFH 10.4.2008 VI R 13/07 BFH/NV 2008, 1356	**Auslandssprachkurs als Werbungskosten**: Auch die in einer Fremdsprache vermittelten fachspezifischen Informationen etwa in Form wirtschaftswissenschaftlicher Vorlesungen können der Erweiterung der Sprachkompetenz förderlich und damit beruflich veranlasst sein	In materiell-rechtlicher Hinsicht ist ausreichend, wenn der Sprachkurs auf die besonderen beruflichen oder betrieblichen Interessen des Steuerpflichtigen zugeschnitten ist	
EStG § 9 Abs. 1 BFH 15.1.2008 IX R 45/07 BStBl II 2008, 572	**Abgekürzter Vertragsweg:** Erhaltungsaufwendungen sind auch dann Werbungskosten des Steuerpflichtigen bei den Einkünften aus Vermietung und Verpachtung, wenn sie auf einem von einem Dritten im eigenen Namen, aber im Interesse des Steuerpflichtigen abgeschlossenen Werkvertrag beruhen und der Dritte dem Steuerpflichtigen den Betrag zuwendet	Siehe hierzu BMF-Schreiben vom 7.7.2008 - BStBl I 2008, 717: BFH-Rechtsprechung weiterhin nicht anwendbar für Kreditverbindlichkeiten und andere Dauerschuldverhältnisse Nichtanwendungserlass vom 9.8.2006, BStBl I 2006, 492 ist aufgehoben!	

2

Vorschrift; Gericht; Datum der Entscheidung; Aktenzeichen; Fundstelle	Inhalt der Entscheidung	Weiterführende Anmerkungen	Eigene Notizen
EStG § 9 Abs.1 BFH 28.8.2008 VI R 35/05 BFH/NV 2008, 2108	Aufwendungen für **Seminare zur Persönlichkeitsentfaltung** sind beruflich veranlasst, wenn die Veranstaltungen primär auf die spezifischen Bedürfnisse des vom Steuerpflichtigen ausgeübten Berufs ausgerichtet sind	1. Indizien für die berufliche Veranlassung: ❑ Lehrinhalte ❑ konkrete Anwendung in der beruflichen Tätigkeit ❑ Ablauf des Lehrgangs ❑ teilnehmenden Personen 2. Zu **NLP-Kursen**: BFH-Urteil vom 28.8.2008 - VI R 44/04, BFH/NV 2008, 2106	
EStG § 9 Abs. 1 BFH 13.2.2008 IX R 68/07 BStBl II 2008, 522	Der vom Stillhalter einer Kaufoption auf den DAX an den Optionsberechtigten gezahlte Barausgleich (**cash-settlement**) ist nicht als Werbungskosten bei den Einkünften gemäß § 22 Nr. 3 EStG abziehbar	Der BFH behandelt **cash-settlement und Glattstellung unterschiedlich** (zur Kritik vgl. Hahne/Krause, BB 2008, 1101) und unterscheidet zwischen dem Verlust aufgrund des Differenzausgleichs und den in einem Gegengeschäft gezahlten Prämien, die er als Erwerbsaufwendungen bei den Einkünften aus § 22 Nr. 3 EStG beurteilt (BFH, Urt. v. 17.4.2007 - IX R 23/06 - BStBl II 2007, 606)	

Vorschrift; Gericht; Datum der Entscheidung; Aktenzeichen; Fundstelle	Inhalt der Entscheidung	Weiterführende Anmerkungen	Eigene Notizen
EStG § 9 Abs. 1, § 12 Nr. 1 Satz 2 BFH 22.7.2008 VI R 2/07 BFH/NV 2008, 1837	Aufwendungen für die **Teilnahme an Kongressen** können Werbungskosten sein Für die Frage, ob der berufliche bzw. private Nutzungsanteil von untergeordneter Bedeutung ist, kommt es auf das Verhältnis der beruflich zu den privat veranlassten Zeitanteilen an. Zum Nachweis der tatsächlichen Teilnahme an den Veranstaltungen bedarf es nicht in jedem Fall eines Anwesenheitstestats	Aufwendungen für Fachkongresse können als Werbungskosten bei den Einkünften aus nichtselbständiger Arbeit abziehbar sein, wenn ein **konkreter Zusammenhang mit der Berufstätigkeit** besteht	
EStG § 9 Abs. 1 Satz 3 Nr. 1 BFH 19.8.2008 IX R 23/07 n.v.	Bei **Darlehen zwischen nahen Angehörigen**, die nach ihrem Anlass wie von einem Fremden gewährt worden sind, ist eine **fehlende Besicherung** als Kriterium des Fremdvergleichs zu berücksichtigen; ihr kommt aber für sich allein genommen keine entscheidungserhebliche Bedeutung zu	Ist der Darlehensvertrag im Übrigen wie unter fremden Dritten geschlossen, scheitert die steuerliche Anerkennung nicht allein an der fehlenden Besicherung, insbesondere in Anschaffungsfällen	

2

Vorschrift; Gericht; Datum der Entscheidung; Aktenzeichen; Fundstelle	Inhalt der Entscheidung	Weiterführende Anmerkungen	Eigene Notizen
EStG § 9 Abs. 1 Satz 3 Nr. 1 BFH 19.8.2008 IX R 56/07 n.v.	Muss der Steuerpflichtige als Kaufpreis für ein vermietetes Grundstück eine **Rente auf Lebenszeit** des Verkäufers leisten, so kann er nach § 9 Abs. 1 Satz 3 Nr. 1 Satz 2 i.V.m. § 22 Nr. 1 Satz 3 Buchstabe a Doppelbuchstabe bb EStG auch dann nur den **Ertragsanteil als Werbungskosten** absetzen, wenn die Vertragsparteien eine **Mindestlaufzeit der Rente** vereinbart haben, diese aber kürzer ist als die durchschnittliche Lebensdauer des Bezugsberechtigten	Erlischt die Rente erst nach einer Mindestzeit mit dem Tod des Berechtigten, so hängt ihre einkommensteuerrechtliche Behandlung davon ab, ob die laufenden Zahlungen mehr von den begrifflichen Merkmalen einer Leibrente oder mehr von denjenigen einer (Kaufpreis-) Rate geprägt werden Eine **einheitliche Rente** ist nicht in eine Zeitrente und in eine durch den Ablauf der Mindestlaufzeit aufschiebend bedingte Leibrente aufzuspalten	
EStG § 9 Abs. 1 Satz 3 Nr. 5 BFH 2.10.2008 VI B 33/08 n.v.	**Doppelte Haushaltsführung:** Unter dem Begriff des „Beschäftigungsortes" i.S. des § 9 Abs. 1 Satz 3 Nr. 5 EStG ist die politische Gemeinde und deren Umgebung (Einzugsbereich) zu verstehen	Eine doppelte Haushaltsführung liegt nur vor, wenn der Arbeitnehmer außerhalb des Ortes, in dem er einen eigenen Hausstand unterhält, beschäftigt ist und auch „am Beschäftigungsort wohnt"	

Vorschrift; Gericht; Datum der Entscheidung; Aktenzeichen; Fundstelle	Inhalt der Entscheidung	Weiterführende Anmerkungen	Eigene Notizen
EStG § 9 Abs. 1 Satz 3 Nr. 5 BFH 9.7.2008 VI B 4/08 BFH/NV 2008, 2000	Aufwendungen wegen **doppelter Haushaltsführung** können in der Regel nicht anerkannt werden, wenn ein Arbeitnehmer an seinem Beschäftigungsort mit seinem Ehepartner in eine familiengerechte Wohnung einzieht, auch wenn die frühere Familienwohnung beibehalten und zeitweise noch genutzt wird	Entscheidend ist, ob die außerhalb des Beschäftigungsortes belegene Wohnung des Arbeitnehmers als Mittelpunkt seiner Lebensinteressen anzusehen ist und deshalb seinen Hausstand darstellt	
EStG § 9 Abs. 1 Satz 3 Nr. 5 BFH 10.6.2008 VI B 130/07 ZSteu 2008, R876	**Doppelte Haushaltsführung eines Alleinstehenden:** Auch bei einem Alleinstehenden ist die entgeltliche Einräumung einer Rechtsposition nicht zwingende Voraussetzung einer doppelten Haushaltsführung. Allerdings muss der ledige Arbeitnehmer den Haupthausstand aus eigenem oder abgeleitetem Recht nutzen	Siehe zu diesem Problembereich bereits BFH-Urteil vom 14.6.2007 VI R 60/05, BStBl II 2007, 890	
EStG § 9 Abs. 1 Satz 3 Nr. 7 BFH 29.5.2008 IX R 36/06 BFH/NV 2008, 1668	**Kaufpreisaufteilung bei einem gemischt genutzten Grundstück im Privatvermögen:** Bei Mietwohngrundstücken im Privatvermögen ist grundsätzlich die Kaufpreisaufteilung nach dem **Sachwertverfahren** angebracht	Lediglich bei zu Büro- oder anderen gewerblichen Zwecken vermieteten Grundstücken (sog. Geschäftsgrundstücke) bejaht die Rechtsprechung eher einen Vorrang des Ertragswertverfahrens	

2

Vorschrift; Gericht; Datum der Entscheidung; Aktenzeichen; Fundstelle	Inhalt der Entscheidung	Weiterführende Anmerkungen	Eigene Notizen
EStG § 9 Abs. 2 BFH 10.1.2008 VI R 17/07 BStBl II 2008, 234	Vorlagebeschluss: Neuregelung der **Entfernungspauschale** ab dem VZ 2007 für Wege zwischen Wohnung und Arbeitsstätte	§ 9 Abs. 2 EStG ist **verfassungswidrig**; Altregelung gilt für VZ 2007-2009 (vgl. BVerfG v. 9.12.08 – 2 BvL 1/07, 2 BvL 2/07, 2 BvL 1/08, 2 BvL 2/08)	
EStG § 9 Abs. 2 BFH 10.4.2008 VI R 66/05 BStBl II 2008, 825	**Regelmäßige Arbeitsstätte:** Führt ein vollbeschäftigter Arbeitnehmer eine längerfristige, jedoch vorübergehende **berufliche Bildungsmaßnahme** durch, so wird der Veranstaltungsort im Allgemeinen nicht zu einer weiteren regelmäßigen Arbeitsstätte	Ggf. anders bei dauerhaftem Einsatz eines Arbeitnehmers im fremden Betrieb (sog. out-gesourcete Arbeitnehmer; hierzu Niedersächsisches FG, Urteil vom 24.10.07, EFG 08, 1115; Rev. eingelegt, Az. des BFH: VI R 21/08)	
EStG § 9 Abs. 2 BFH 10.7.2008 VI R 21/07 BFH/NV 2008, 1923	**Regelmäßige Arbeitsstätte:** Die betriebliche Einrichtung eines Kunden des Arbeitgebers ist keine regelmäßige Arbeitsstätte Die Entfernungspauschale kommt demnach auch dann nicht zur Anwendung, wenn ein Arbeitnehmer bei einem Kunden des Arbeitgebers längerfristig eingesetzt ist	Dienstreisegrundsätze gelten! Die Zeitdauer ist allein noch für die Gewährung von **Verpflegungsmehraufwendungen** von Bedeutung (Ablauf der Drei-Monatsfrist)	

Vorschrift; Gericht; Datum der Entscheidung; Aktenzeichen; Fundstelle	Inhalt der Entscheidung	Weiterführende Anmerkungen	Eigene Notizen
EStG § 10 Abs. 1 BFH 26.11.2008 X R 15/07 n.v.	**Besteuerung der Altersrenten verfassungsgemäß:** Mit der Umstellung der Besteuerung der Alterseinkünfte auf die sog. nachgelagerte Besteuerung hat der Gesetzgeber die Grenzen seines weiten Gestaltungsspielraums nicht überschritten Die Besteuerung der Renteneinkünfte eines vormals Selbständigen im Rahmen der Übergangsregelung des AltEinkG begegnet keinen verfassungsrechtlichen Bedenken, sofern nicht gegen das Verbot der Doppelbesteuerung verstoßen wird	Es bleibt abzuwarten, wie das Bundesverfassungsgericht die Rechtsproblematik beurteilt Zudem sind weitere über 20 Revisionsverfahren mit unterschiedlichen Fallkonstellationen anhängig	
EStG § 10 Abs. 1 Nr. 9 BFH 17.7.2008 X R 62/04 BFH/NV 2008, 1927	**Schulgeld für den Besuch eines englischen Internats** kann unter den Voraussetzungen des § 10 Abs. 1 Nr. 9 EStG abziehbar sein	Vgl. hierzu Meilicke, IStR 2008, 777	
EStG § 10d BFH (Großer Senat) 17.12.2007 GrS 2/04 BStBl II 2008, 608	Der Erbe kann einen **vom Erblasser nicht ausgenutzten Verlustabzug** nach § 10d EStG nicht bei seiner eigenen Veranlagung zur Einkommensteuer geltend machen	Zu **verbleibenden Gestaltungsmöglichkeiten** nach Wegfall des Verlustabzugs beim Erben siehe Kreft, GStB 2008, 262	

2

Vorschrift; Gericht; Datum der Entscheidung; Aktenzeichen; Fundstelle	Inhalt der Entscheidung	Weiterführende Anmerkungen	Eigene Notizen
EStG § 15 Abs. 1 BFH 5.6.2008 IV R 76/05 BFH/NV 2008, 1605	**Betriebsaufspaltung:** **Personelle Verflechtung trotz Testamentsvollstreckung** Das Handeln eines Testamentsvollstreckers ist den Erben auch im Rahmen der Beurteilung der personellen Verflechtung von Besitzunternehmen und Betriebsunternehmen zuzurechnen	In Fällen, in denen bei einer unstreitig vorliegenden **Betriebsaufspaltung nach einem Erbfall** eine Testamentsvollstreckung angeordnet wird, kann sich die Rechtsprechung des BFH auch positiv auswirken Vgl. hierzu auch Pfützenreuter, jurisPR-SteuerR 41/2008 Anm. 3	
EStG § 15 Abs. 2 BFH 5.3.2008 X R 48/06 BFH/NV 2008, 1463	**Gewerblicher Grundstückshandel:** Die Grenze zur privaten Vermögensverwaltung ist überschritten, wenn von drei zu errichtenden Eigentumswohnungen zwei kurze Zeit nach dem Baubeginn verkauft werden und der Veräußerer sich verpflichtet hat, die Wohnungen zu erstellen und zu übereignen; die nachfolgenden grundstücksbezogenen Aktivitäten werden in einem solchen Fall mit der unbedingten Absicht der Veräußerung vorgenommen	Beachten Sie: Die **Drei-Objekt-Grenze stellt keine Freigrenze** dar	

Vorschrift; Gericht; Datum der Entscheidung; Aktenzeichen; Fundstelle	Inhalt der Entscheidung	Weiterführende Anmerkungen	Eigene Notizen
EStG § 15a BFH 15.5.2008 IV R 46/05 BStBl II 2008, 812	Voraussetzung für die Qualifizierung eines **„Darlehenskontos" des Kommanditisten als Kapitalkonto** bei gewinnunabhängiger Verzinsung	Noch ungeklärt ist die ausdrücklich offen gelassene Frage, wie der Fall zu beurteilen ist, dass die Kommanditisten ihre auf den „Darlehenskonten" ausgewiesenen Guthaben jederzeit ohne weiteres hätten entnehmen können	
EStG § 16 Abs. 1 BFH 29.4.2008 VIII R 98/04 BStBl II 2008, 749	Anteilige stille Reserven eines **betrieblich genutzten Raumes im Einfamilienhaus von Eheleuten**, die Miteigentümer sind, erhöhen den Veräußerungsgewinn eines der Ehegatten nur zur Hälfte	Zur Vertiefung siehe Steinhauff, jurisPR-SteuerR 39/2008 Anm. 4 mit Praxishinweisen	
EStG § 16 Abs. 1 BFH 17.7.2008 I R 77/06 BFH/NV 2008, 1941	1. Die **Einbringung eines Wirtschaftsguts als Sacheinlage in eine KG** ist ertragsteuerrechtlich auch insoweit als Veräußerungsgeschäft anzusehen, als ein Teil des Einbringungswerts in eine Kapitalrücklage eingestellt worden ist 2. Die **100%ige Beteiligung an einer Kapitalgesellschaft** ist kein Teilbetrieb i.S. von § 24 Abs. 1 UmwStG. Die Fiktion des § 16 Abs. 1 Satz 1 Nr. 1 EStG ist nicht entsprechend anwendbar	Anderer Ansicht bisher: BMF-Schreiben vom 26.11.2004, BStBl I 2004, 1190 bzw. vom 25.3.1998, BStBl I 1998, 268, Tz. 24.03	

2

Vorschrift; Gericht; Datum der Entscheidung; Aktenzeichen; Fundstelle	Inhalt der Entscheidung	Weiterführende Anmerkungen	Eigene Notizen
EStG § 16 Abs. 4 BFH 17.7.2008 X R 40/07 BFH/NV 2008, 2099	Eine Veräußerung i.S. des § 16 EStG liegt auch dann vor, wenn der Übertragende als selbständiger Unternehmer nach der **Veräußerung des (Teil-)Betriebs** für den Erwerber tätig wird	Angestelltentätigkeit oder freie Mitarbeit für den Erwerber unschädlich für die Vergünstigungen der §§ 16, 34 EStG	
EStG § 17 Abs. 1 BFH 4.3.2008 IX R 78/06 BStBl II 2008, 575	Die Übernahme von **eigenkapitalersetzenden Bürgschaften** für eine Gesellschaft, an welcher der Anteilseigner nur **mittelbar beteiligt** ist, führt nicht zu nachträglichen Anschaffungskosten der (unmittelbaren) wesentlichen Beteiligung	Nur die **Veräußerung unmittelbarer Anteilsrechte** erfüllt den Tatbestand des § 17 EStG. Eine mittelbare Beteiligung hat allein für die Frage des Erreichens der Wesentlichkeitsgrenze Bedeutung, da unmittelbare und mittelbare Beteiligungen nach Maßgabe der rein kapitalmäßig zu bestimmenden Anteilsquoten zusammenzurechnen sind Weitere **wichtige Revisionsverfahren** unter Az. IX R 28/08 und IX R 102/07 anhängig	

Vorschrift; Gericht; Datum der Entscheidung; Aktenzeichen; Fundstelle	Inhalt der Entscheidung	Weiterführende Anmerkungen	Eigene Notizen
EStG § 17Abs. 1 BFH 2.4.2008 IX R 76/06 BStBl II 2008, 706	**Anwendbarkeit auf Aktionäre:** Die Gewährung eines Darlehens oder die Übernahme einer Bürgschaft für eine Aktiengesellschaft durch einen Aktionär, der an der Gesellschaft nicht unternehmerisch beteiligt ist, führt nicht zu nachträglichen Anschaffungskosten der wesentlichen Beteiligung	**Mitgliedschaft im Vorstand oder Aufsichtsrat** ist insoweit nicht ausreichend!	
EStG § 17 Abs. 1 BFH 4.3.2008 IX R 80/06 BStBl II 2008, 577	**Nichtgeltendmachen eines Aufwendungsersatzanspruchs** in der Krise als darlehensähnliche Kreditierung	Siehe hierzu Anmerkung von Dötsch, jurisPR-SteuerR 27/2008 Anm. 4	
EStG § 17 Abs. 1 BFH 22.7.2008 IX R 79/06 BFH/NV 2008, 1938	Bei insolvenzfreier Liquidation einer GmbH realisiert sich der durch eine **eigenkapitalersetzende Finanzierungshilfe als nachträgliche Anschaffungskosten** bedingte Veräußerungsverlust eines ehemals wesentlich beteiligten Gesellschafters bereits in dem Zeitpunkt, in dem er erklärt, mit seiner Forderung gegenüber allen gegenwärtigen und künftigen Verbindlichkeiten der vermögenslosen und überschuldeten GmbH aus einer bankmäßigen Geschäftsverbindung im Rang zurückzutreten	Zur **Änderung bereits bestandskräftiger Steuerbescheide**: Der Ausfall des Darlehens stellt ein den Veräußerungs-gewinn **rückwirkend beeinflussendes Ereignis** im Sinne des § 175 Abs. 1 Satz 1 Nr. 2 AO dar Vgl. hierzu auch Jachmann, jurisPR-SteuerR 48/2008 Anm. 1	

Vorschrift; Gericht; Datum der Entscheidung; Aktenzeichen; Fundstelle	Inhalt der Entscheidung	Weiterführende Anmerkungen	Eigene Notizen
EStG § 17 Abs. 1 BFH 22.7.2008 IX R 15/08 BFH/NV 2008, 1931	Die Mitgliedschaft in einer fortbestehenden GmbH endet für den Kündigenden, wenn sein Anteil gemäß § 34 GmbHG eingezogen wird Die **Einziehung eines GmbH-Anteils** kann frühestens mit ihrer zivilrechtlichen Wirksamkeit zu einem Verlust i.S. von § 17 EStG führen	**Zugang der Einziehungserklärung** entscheidend für deren Wirksamkeit! Vgl. hierzu auch Heuermann, BFH-PR 2008, 508; Görden, GmbH-StB 2008, 319	
EStG § 19 Abs. 1 BFH 22.7.2008 VI R 47/06 DStR 2008, 2310	Übernimmt ein Arbeitgeber nicht aus ganz überwiegend eigenbetrieblichem Interesse die Zahlung einer **Geldbuße** und einer Geldauflage, die gegen einen bei ihm beschäftigten Arbeitnehmer verhängt worden sind, so handelt es sich hierbei um Arbeitslohn	1. Geldbußen i.S. von § 17 OWiG können nicht als Werbungskosten abgezogen werden (§ 4 Abs. 5 Satz 1 Nr. 8 Satz 1 EStG i.V.m. § 9 Abs. 5 EStG) 2. Zum Werbungskostenabzug von **Geldauflagen i.S. des § 153a StPO** siehe § 12 Nr. 4 EStG.	
EStG § 19 Abs. 1 BFH 6.3.2008 VI R 6/05 BStBl II 2008, 530	Vom Arbeitgeber wahlweise zur Barauszahlung des tarifvertraglichen Urlaubsgeldes ausgegebene, zum Einkaufen beim Arbeitgeber bestimmte **Warengutscheine** sind nicht als Sachlohn zu behandeln. Die besondere **Rabattbesteuerung** des § 8 Abs. 3 Satz 2 EStG findet keine Anwendung	Mit der Entscheidung für einen Warengutschein verwenden die Arbeitnehmer den ihnen geschuldeten Barlohn für den Erwerb des Gutscheins. Es ist dann von einer **Barlohnverwendung** und nicht von einer Barlohnersetzung auszugehen	

Vorschrift; Gericht; Datum der Entscheidung; Aktenzeichen; Fundstelle	Inhalt der Entscheidung	Weiterführende Anmerkungen	Eigene Notizen
EStG § 20 Abs. 1 BFH 28.10.2008 VIII R 36/04 BFH/NV 2008, 2117	**(Schein)Renditen** aus Gutschriften aus sog. „Schneeballsystemen" können zu Einnahmen aus Kapitalvermögen i.S. von § 20 Abs. 1 Nr. 4 EStG führen, wenn der Unternehmer bei entsprechendem Verlangen des Anlegers zur Auszahlung der gutgeschriebenen „Renditen" fähig gewesen wäre	Siehe zur Vertiefung auch die Urteilsanmerkung von Wilfried Apitz, sj 2008, Nr. 24, 4 und BFH-Urteil vom 19.6.2007 - VIII R 63/03, BFH/NV 2008, 194 betr. Zufluss bei **Novation**	
EStG § 20 Abs. 1 Nr. 7 BFH 4.12.2007 VIII R 53/05 BStBl II 2008, 563	Der Überschuss aus der **Veräußerung von Indexzertifikaten mit einer garantierten Mindestrückzahlung** ist nur hinsichtlich des Teils steuerbar, der der garantierten Mindestrückzahlung zuzuordnen ist	Zu den Auswirkungen auf die Besteuerungspraxis siehe Steinhauff, jurisPR-SteuerR 16/2008 Anm. 3	
EStG § 21 Abs. 1 **FördG § 3 Satz 1** BFH 24.6.2008 IX R 49/06 BFH/NV 2008, 1839	**Herstellungskosten:** Hat der Steuerpflichtige mit Baumaßnahmen unter Verwendung der vorhandenen Bausubstanz des ehemaligen Gebäudes bisher nicht vorhandene, baulich getrennte und in sich abgeschlossene Wohneinheiten hergestellt und damit zwei neue Wohnungen geschaffen, handelt es sich nicht um Baumaßnahmen an einem Gebäude	**Beachten Sie:** Wird eine bisher nicht existierende Wohnung neu geschaffen, scheiden Umbaumaßnahmen immer aus	

2

Vorschrift; Gericht; Datum der Entscheidung; Aktenzeichen; Fundstelle	Inhalt der Entscheidung	Weiterführende Anmerkungen	Eigene Notizen
EStG § 21 Abs. 1 BFH 20.9.2007 IX B 54/07 BFH/NV 2008, 30	**Herstellungskosten:** Eine (ca. 1936 erbaute) Wohnung mit „zwei Zimmern, Küche, Flur und Toilette" kann auch ohne Bad oder Dusche zur Führung eines selbständigen Haushalts geeignet sein	Abgrenzung zum BFH-Urteil vom 7.11.2006 - IX R 19/05 (BFH/NV 2007, 810), in dem die einzelnen Studentenwohnräume nur über eine Gemeinschaftsküche und ein Gemeinschaftsbad mit WC verfügten	
EStG § 21 Abs. 1 BFH 28.11.2007 IX R 9/06 BStBl II 2008, 515	**Einkünfteerzielungsabsicht:** Die typisierende Annahme, dass bei einer auf Dauer angelegten Vermietungstätigkeit der Steuerpflichtige beabsichtigt, letztlich einen Einnahmeüberschuss zu erwirtschaften, gilt nicht für die **dauerhafte Verpachtung unbebauten Grundbesitzes**	Der **Prognosezeitraum** beträgt auch bei einer Verpachtung unbebauten Grundbesitzes **30 Jahre** Um in den Genuss der Typisierung zu kommen, muss der Grund und Boden ggf. einem Gebäude zugeordnet werden	
EStG § 21 Abs. 1 BFH 2.7.2008 IX B 46/08 BStBl II 2008, 815	**Einkünfeerzielungsabsicht:** Soll nach dem Konzept eines **geschlossenen Immobilienfonds** in der Rechtsform einer Personengesellschaft die Vermietungstätigkeit des Fonds nur 20 Jahre umfassen, ist sie nicht auf Dauer ausgerichtet und die Einkünfteerzielungsabsicht muss auf beiden Ebenen (auf der Ebene der Personengesellschaft wie auf der Ebene des Gesellschafters) überprüft werden	**Beachten Sie:** Um zu einem für den Gesellschafter günstigen Ergebnis zu gelangen, muss die Überschusserzielungsabsicht sowohl (vorrangig) auf der Ebene der Gesellschaft als auch auf der Ebene des Gesellschafters festgestellt werden Vgl. hierzu auch Grune, AktStR 2008, 574	

Vorschrift; Gericht; Datum der Entscheidung; Aktenzeichen; Fundstelle	Inhalt der Entscheidung	Weiterführende Anmerkungen	Eigene Notizen
EStG § 21 Abs. 1 BFH 19.12.2007 IX R 50/07 BFH/NV 2008, 1111	**Einkünfterzielungsabsicht:** Der **Abbruch des Gebäudes** hat keine Auswirkung auf die Einkünfteerzielungs-absicht, wenn das Grund-stück auch nach der Be-seitigung der Bausubstanz in steuerlich bedeutsamer Weise, z.B. durch Vermie-tung genutzt werden soll	Zur **AfaA aus wirt-schaftlichen Gründen** am Ende des Mietver-hältnisses siehe anhän-gige Revision unter dem Az: IX R 64/07	
EStG § 21 Abs. 1 BFH 2.4.2008 IX R 63/07 BFH/NV 2008, 1323	**Einkünfteerzielungsabsicht:** Keine befristete Vermie-tungstätigkeit bei bloß indif-ferenten Überlegungen einer möglichen Selbstnutzung	**Aber Indiz für Selbstnutzung:** Hochwertige Ausstat-tung, die es als offen-sichtlich erscheinen lässt, dass das Haus nicht zum Zwecke der Vermietung errichtet ist (z.B. Wohnfläche von über 250 qm oder Schwimmhalle). Vgl. hierzu BFH-Urteil vom 6.10.2004 - IX R 30/03 - BStBl II 2005, 386	

2

Vorschrift; Gericht; Datum der Entscheidung; Aktenzeichen; Fundstelle	Inhalt der Entscheidung	Weiterführende Anmerkungen	Eigene Notizen
EStG § 21 Abs. 1 BFH 19.8.2008 IX R 39/07 n.v.	**Einkünfteerzielungsabsicht bei Ferienwohnungen:** Wird eine Ferienwohnung nicht durchweg im ganzen Jahr an wechselnde Feriengäste vermietet und können ortsübliche Vermietungszeiten nicht festgestellt werden, ist ihr Vermieten mit einer auf Dauer ausgerichteten Vermietungstätigkeit nicht vergleichbar, so dass die Einkünfteerzielungsabsicht durch eine Prognose überprüft werden muss	Die **Feststellungslast** für die ortsüblichen Vermietungszeiten obliegt dem Steuerpflichtigen in gleicher Weise wie für die Voraussetzungen der Typisierung der Einkünfteerzielungsabsicht Ortsübliche Vermietungszeiten können ggf. durch eine repräsentative Aufstellung dargelegt werden	
EStG § 21 Abs. 1 BFH 24.6.2008 IX R 12/07 BFH/NV 2008, 1484	**Einkünfteerzielungsabsicht bei Ferienwohnungen:** Ob die „**ortsüblichen Vermietungszeiten**" aus den Vermietungszeiten der anderen Wohnungen im selben - insgesamt vier Wohnungen umfassenden - Gebäudekomplex abgeleitet werden können, ist zweifelhaft	**Zum Begriff „ortsüblich":** Individuelle Vermietungszeiten können idR nur denen verglichen werden, die bezogen auf den gesamten Ort im Durchschnitt erzielt werden (abzustellen ist auf **örtlichen Mietspiegel**)	

Vorschrift; Gericht; Datum der Entscheidung; Aktenzeichen; Fundstelle	Inhalt der Entscheidung	Weiterführende Anmerkungen	Eigene Notizen
EStG § 21 Abs. 1 BFH 31.7.2007 IX R 30/05 BFH/NV 2008, 202	**Einkünfteerzielungsabsicht bei Ferienwohnungen:** Bei einer vorangehenden auf Dauer angelegten Vermietung ist davon auszugehen, dass das betreffende Haus selbst während **Leerstandszeiten** der Erzielung von Vermietungseinkünften dient, zumal wenn das Objekt in dieser Zeit betriebsbereit gemacht und anschließend tatsächlich vermietet wird	Siehe zur Einkünfteerzielungsabsicht während der Leerstandszeiten auch Niedersächsisches FG, Urteil vom 19.7.2007 - 10 K 583/03, EFG 2007, 1770, rkr	
EStG § 21 Abs. 1 BFH 4.3.2008 IX R 11/07 BFH/NV 2008, 1462	**Einkünfteerzielungsabsicht bei Messezimmern:** Die zur Vermietung von Ferienwohnungen entwickelten Maßstäbe sind grundsätzlich auch auf die Vermietung von Messezimmern oder Messewohnungen anwendbar, bei denen regelmäßig und typischerweise von einem häufigen Wechsel an Gästen in Verbindung mit Leerstandszeiten auszugehen ist	Andere Maßstäbe gelten erst, wenn eine Ausweitung der Leistungen des Vermieters über die reine Raumnutzung erfolgt. Weitere Voraussetzung muss dann aber eine dem gewerblichen Beherbergungsbetrieb vergleichbare unternehmerische Organisation sein Die liegt nicht schon dann vor, wenn etwa Frühstück, Reinigung und Wäschewechsel angeboten werden	

2

Vorschrift; Gericht; Datum der Entscheidung; Aktenzeichen; Fundstelle	Inhalt der Entscheidung	Weiterführende Anmerkungen	Eigene Notizen
EStG § 21 Abs. 1 FördG § 3 Satz 2 Nr. 3 BFH 18.9.2007 IX R 31/05 BFH/NV 2008, 762	**Sonderabschreibung nach dem FördG** bei baulicher Umgestaltung eines Gebäudes mit 10 Wohnungen in ein Gebäude mit 20 Eigentumswohnungen nur in Höhe von 25 v.H. der Aufwendungen	**Beachten Sie:** Ob die durchgeführten Baumaßnahmen bautechnisch zu einem Neubau hinsichtlich des Gesamtgebäudes geführt haben, ist dabei ohne Bedeutung (vgl. BFH-Urteil vom 7.11.2006 IX R 19/05, BFH/NV 2007, 810)	
EStG § 22 Nr. 3 BFH 28.11.2007 IX R 39/06 BStBl II 2008, 469	**Preisgelder für die Teilnahme als Kandidat an einer Fernsehshow** sind als sonstige Einkünfte nach § 22 Nr. 3 EStG steuerbar	**Beachten Sie:** Die Teilnahme an Fernsehshows und Radioquizsendungen kann auch dann eine nach § 22 Nr. 3 EStG steuerbare Betätigung sein, wenn sie nur „gelegentlich" erfolgt	
EStG § 22 Nr. 3 BFH 10. 7.2008 IX R 47/07 BFH/NV 2008, 2001	Die **Übernahme des Kostenrisikos eines fremden Prozesses** gegen Beteiligung an dessen Erfolg kann zu sonstigen Einkünften führen	Allein die Risikobestimmtheit des als Gegenleistung für die Übernahme eines Risikos angenommenen Entgelts steht seiner Steuerbarkeit nicht entgegen	

Vorschrift; Gericht; Datum der Entscheidung; Aktenzeichen; Fundstelle	Inhalt der Entscheidung	Weiterführende Anmerkungen	Eigene Notizen
EStG § 22 Nr. 3 22.4.2008 IX R 19/07 BFH/NV 2008, 1820	Die **Zustimmung des Gesellschafters einer GbR zu der Veräußerung des Grundstücks der GbR** begründet kein wirtschaftlich eigenständiges Verhalten, das von der Übertragung des Grundstücks abgespalten werden könnte	Vgl. in diesem Zusammenhang auch BFH-Urteil vom 24.8.2006 - IX R 32/04, BStBl II 2007, 44 zur Vereinnahmung eines **Reuegeldes** für den Rücktritt vom Kaufvertrag über ein Grundstück des Privatvermögens	
EStG § 23 Abs. 1 BFH 19.12.2007 IX R 11/06 BStBl II 2008, 519	Wer erworbene **Optionen verfallen** lässt, erfüllt nicht den Tatbestand des § 23 Abs. 1 Satz 1 Nr. 4 EStG	**Beachten Sie**: Aufwendungen eines Arbeitnehmers für den Erwerb von (später verfallenen) Aktienoptionen sind als **vergebliche Werbungskosten** abzugsfähig (BFH-Urteil vom 3.5.2007 - VI R 36/05 BStBl II 2007, 647)	
EStG § 23 Abs. 1 Satz 1 Nr. 2 BFH 22.4.2008 IX R 29/06 BFH/NV 2008, 1244	Die **Veräußerung eines Gebrauchtkraftwagens** innerhalb eines Jahres nach Anschaffung ist nach § 23 Abs. 1 Satz 1 Nr. 2 EStG steuerbar	Kein Ausschluss von **Wirtschaftsgütern des täglichen Gebrauchs** aus dem Anwendungsbereich des § 23 EStG!	

2

Vorschrift; Gericht; Datum der Entscheidung; Aktenzeichen; Fundstelle	Inhalt der Entscheidung	Weiterführende Anmerkungen	Eigene Notizen
EStG § 32 Abs. 4 BFH 29.5.2008 III R 33/06 BFH/NV 2008, 1664	Bei der Prüfung, ob die Einkünfte und Bezüge des Kindes den **Grenzbetrag** des § 32 Abs. 4 Satz 2 EStG überschreiten, sind die Einkünfte nicht um Beiträge zu einer privaten Unfallversicherung, Lebensversicherung, Rentenversicherung und Krankenversicherung zu mindern, wenn eine gesetzliche Mindestversorgung besteht	Bezieht das Kind Einkünfte aus nichtselbständiger Arbeit und liegen die Voraussetzungen einer doppelten Haushaltsführung vor, so mindern nach Auffassung des BFH diese Aufwendungen die Einkünfte	
EStG § 32 Abs. 4 Satz 2 Buchst. c BFH 13.6.2008 III R 66/05 BFH/NV 2008, 1740	Die **Meldung eines ausbildungsuchenden volljährigen Kindes bei der Ausbildungsvermittlung der Agentur für Arbeit** dient regelmäßig als Nachweis dafür, dass es sich ernsthaft um einen Ausbildungsplatz bemüht hat	**Beachten Sie:** Die Meldung wirkt jedoch nur drei Monate fort. Nach Ablauf dieser Frist muss sich das Kind erneut als Ausbildungsuchender melden, da sonst der Kindergeldanspruch entfällt	
EStG § 34 Abs. 1 BFH 18.1.2008 VI R 44/07 BFH/NV 2008, 666	Trifft die **Tarifermäßigung des § 34 Abs. 1 EStG** mit dem (positiven) **Progressionsvorbehalt des § 32b EStG** zusammen, so ist eine integrierte Steuerberechnung dergestalt vorzunehmen, dass die Progressionseinkünfte bei der Steuerberechnung nach § 34 Abs. 1 EStG steuersatzerhöhend berücksichtigt werden	Siehe hierzu auch Formel, EStB 2008, 132; Siegel, FR 2008, 389; Bergkemper, FR 2008, 431	

Vorschrift; Gericht; Datum der Entscheidung; Aktenzeichen; Fundstelle	Inhalt der Entscheidung	Weiterführende Anmerkungen	Eigene Notizen
EStG § 35 BFH 23.4.2008 X R 32/06 BFH/NV 2008, 1581	Verfall von Anrechnungsüberhängen bei der **Gewerbesteueranrechnung** gemäß § 35 EStG verfassungsmäßig Keine Vor- oder Rücktragsmöglichkeit analog § 34f EStG	Zum Parallelproblem des Verfalls eines **Anrechnungsüberhanges bei § 35a EStG** siehe anhängiges Revisionsverfahren VI R 44/08	
GewStG § 8 Nr. 1 aF BFH 15.5.2008 IV R 77/05 BFH/NV 2008, 1398	Darlehen, die einem Getränkegroßhändler von Brauereien zur Weitergabe an Gastwirte gewährt werden, sind **Dauerschulden** i.S. des § 8 Nr. 1 GewStG a.F., wenn mit den weitergereichten Darlehen eine Getränkebezugsverpflichtung verbunden ist	Siehe hierzu Anmerkungen von Grune, AktStR 2008, 583 und Wendt, BFH-PR 2008, 393	
GewStG § 10a BFH 7.8.2008 IV R 86/05 BFH/NV 2008, 1960	Liegt eine **Teilbetriebsveräußerung** vor, stehen die Verluste, soweit sie auf den veräußerten Teilbetrieb entfallen, mangels (Teil-) Unternehmensidentität nicht für eine Kürzung von Gewerbeerträgen in späteren Erhebungszeiträumen zur Verfügung	**Beachten Sie:** Der Verlustausgleich zwischen Teilbetrieben ist ungeachtet deren Verselbständigung weiterhin uneingeschränkt möglich, soweit und solange sie demselben Unternehmer zuzurechnen sind Siehe hierzu auch Dötsch, jurisPR-SteuerR 47/2008 Anm. 6; Wendt, BFH-PR 2008, 515; Salzmann, DStR 2008, 2016	

2

Vorschrift; Gericht; Datum der Entscheidung; Aktenzeichen; Fundstelle	Inhalt der Entscheidung	Weiterführende Anmerkungen	Eigene Notizen
KStG § 8 Abs. 3 BFH 23.1.2008 I R 8/06 BFH/NV 2008, 1057	Eine **vertragswidrige private PKW-Nutzung durch den Gesellschafter-Geschäftsführer einer Kapitalgesellschaft** stellt in Höhe der Vorteilsgewährung eine verdeckte Gewinnausschüttung dar. Der Vorteil ist nicht gemäß § 6 Abs. 1 Nr. 4 Satz 2 EStG mit 1 % des Listenpreises, sondern nach Fremdvergleichsmaßstäben mit dem gemeinen Wert der Nutzungsüberlassung zuzüglich angemessenen Gewinnaufschlags zu bewerten	Der durch die private Nutzung entstehende Vorteil ist nach dem gemeinen Wert zu bemessen und führt demnach grundsätzlich zu höheren Beträgen als der Ansatz von 1% des Listenpreises, da nicht nur die anteiligen Kosten, sondern zusätzlich ein angemessener Gewinnaufschlag einzubeziehen sind	
KStG § 8 Abs. 3 BFH 9.11.2005 I R 89/04 BStBl II 2008, 523	**Verdeckte Gewinnausschüttung:** Erteilt eine GmbH ihrem Gesellschafter-Geschäftsführer eine sog. **Nur-Pensionszusage**, ohne dass dem eine Umwandlung anderweitig vereinbarten Barlohns zugrunde liegt, zieht die Zusage der Versorgungsanwartschaft eine sog. **Überversorgung** nach sich	Beachten Sie hierzu den Nichtanwendungserlass des BMF vom 16.6.2006, BStBl I 2008, 681 Hierzu auch Weppler, BB 2008, 1504	

Vorschrift; Gericht; Datum der Entscheidung; Aktenzeichen; Fundstelle	Inhalt der Entscheidung	Weiterführende Anmerkungen	Eigene Notizen
KStG § 8 Abs. 3 BFH 29.4.2008 I R 67/06 BFH/NV 2008, 1621	**VGA bei irrtümlicher Annahme einer Leistungspflicht**: Leistet der Geschäftsführer einer GmbH in der irrtümlichen Annahme einer vertraglichen Leistungspflicht eine Zahlung an einen vormaligen Gesellschafter, liegt hierin jedenfalls dann eine vGA, wenn die Begründung der nach der Vorstellung des Geschäftsführers bestehenden Leistungspflicht als vGA zu beurteilen wäre	Maßgeblich für die **zeitliche Erfassung der vGA** ist in diesem Fall das Jahr der objektiven Vermögensminderung und nicht das Jahr, in dem nach der Annahme des Geschäftsführers durch Begründung der Verbindlichkeit die Vermögensminderung eingetreten ist	
KStG § 8 Abs. 3 **BFH** 5.3.2008 I R 45/07 BFH/NV 2008, 1534	**Ankauf, Unterhalten und Finanzieren eines Wirtschaftsguts als vGA:** Unterhält eine Kapitalgesellschaft ein Wirtschaftsgut und entstehen ihr dadurch Verluste, ist eine vGA nur dann anzunehmen, wenn das Wirtschaftsgut im gesellschaftlichen Interesse gehalten wird, ohne dass sich der Gesellschafter zu einem Verlustausgleich zuzüglich der Zahlung eines angemessenen Gewinnaufschlags verpflichtet hat	Vgl. hierzu auch die Anmerkung von Gosch, BFH-PR 2008, 386	

Vorschrift; Gericht; Datum der Entscheidung; Aktenzeichen; Fundstelle	Inhalt der Entscheidung	Weiterführende Anmerkungen	Eigene Notizen
KStG § 8 Abs. 3 BFH 18.9.2007 I R 73/06 BStBl II 2008, 314	**Verdeckte Gewinnausschüttung:** Einbeziehung von Jahresfehlbeträgen in die Bemessungsgrundlage der Gewinntantieme eines Gesellschafter-Geschäftsführers	Eine Tantiemevereinbarung mit einem Gesellschafter-Geschäftsführer muss auch die unter seiner Verantwortung erzielten Verluste einbeziehen, und zwar unabhängig davon, ob handelsrechtlich ein **Gewinnvortrag** besteht. Etwas anderes gilt auch dann nicht, wenn der Gewinnvortrag vor der Zusage der Gewinntantieme erwirtschaftet wurde. Die Höhe der vGA bemisst sich in diesen Fällen nach der Differenz zwischen der vereinbarten und der angemessenen Tantieme (vgl. Heger, jurisPR-SteuerR 12/2008 Anm. 5)	
KStG § 8 Abs. 3 BFH 5.3.2008 I R 12/0 BFH/NV 2008, 1273	**Zusage einer sofort unverfallbaren Altersrente:** Kapitalabfindungsrecht des beherrschenden Gesellschafter-Geschäftsführers einer GmbH bei Fortführung des Dienstverhältnisses	Vgl. zu weiteren Auswirkungen für die Praxis: Heger, jurisPR-SteuerR 28/2008 Anm. 4	

Vorschrift; Gericht; Datum der Entscheidung; Aktenzeichen; Fundstelle	Inhalt der Entscheidung	Weiterführende Anmerkungen	Eigene Notizen
KStG § 8 Abs. 3 BFH 5.3.2008 I B 171/07 BFH/NV 2008, 1060	**Zur Angemessenheit der Managementvergütung:** Überträgt eine Kapitalgesellschaft einer mit ihr verbundenen Gesellschaft die Leitung ihrer Geschäfte, so kann ein dafür gezahltes Entgelt eine verdeckte Gewinnausschüttung sein	Müssen die für die Auftragnehmerin tätig werdenden Personen in zeitlicher Hinsicht den Einsatz eines in Vollzeit beschäftigten Geschäftsführers erbringen, so ist die Angemessenheit des Entgelts nach den Maßstäben zu bestimmen, die für die Ermittlung angemessener Geschäftsführerbezüge gelten	
KStG § 8 Abs. 4 BFH 29.4.2008 I R 91/05 BFH/NV 2008, 1965	Der **Verlust der wirtschaftlichen Identität** einer GmbH setzt voraus, dass zwischen der Übertragung der Gesellschaftsanteile und der **Zuführung neuen Betriebsvermögens** ein sachlicher und zeitlicher Zusammenhang besteht. Erwirbt die Gesellschaft noch im Jahr der Anteilsübertragung überwiegend neues Betriebsvermögen, ist aufgrund des engen zeitlichen auch der erforderliche sachliche Zusammenhang widerlegbar zu vermuten	Der BFH lässt offen, ob zum Betriebsvermögen auch nach § 5 Abs. 2 EStG i.V.m. § 8 Abs. 1 Satz 1 KStG **nicht bilanzierte immaterielle Wirtschaftsgüter** und hierbei insbesondere ein originärer Firmenwert gehören	

2

Vorschrift; Gericht; Datum der Entscheidung; Aktenzeichen; Fundstelle	Inhalt der Entscheidung	Weiterführende Anmerkungen	Eigene Notizen
KStG § 8 Abs. 4 BFH 28.5.2008 I R 87/07 BFH/NV 2008, 2129	Wenn im Zusammenhang mit der die Hälfte des gezeichneten Kapitals übersteigenden Übertragung von Geschäftsanteilen und einer Änderung des Unternehmenszwecks von einer aktiv tätigen zu einer vermögensverwaltenden Gesellschaft im Rahmen einer Betriebsaufspaltung (**Branchenwechsel**) kein neues Betriebsvermögen zugeführt worden ist, liegt eine wirtschaftlich mit dem Regelbeispiel vergleichbare Situation nicht vor	Nicht jede Form eines Branchenwechsels nach einem Gesellschafterwechsel führt zum Wegfall des Verlustabzugs Wird die neu aufgenommene Tätigkeit mit demselben, wenn auch erheblich eingeschränkten Betriebsvermögen ausgeübt, geht die wirtschaftliche Identität jedenfalls dann nicht verloren, wenn die neu aufgenommene Tätigkeit einen engen Bezug zur früheren Tätigkeit aufweist (vgl. Heger,jurisPR-SteuerR 49/2008 Anm. 6)	
UStG § 2 BFH 11.4.2008 V R 10/07 BFH/NV 2008, 1773	Unternehmereigenschaft des **Betreibers einer Photovoltaikanlage** Kein Vorsteuerabzug aus der Anschaffung der Anlage bei nicht zeitnaher Zuordnung zum Unternehmensvermögen	Für wirksame Zuordnung einer Photovoltaikanlage zu einem etwa bestehenden Unternehmen ist die **zeitnahe Zuordnung** der Anlage zum Unternehmen erforderlich!	
UStG § 10 Abs. 5 Nr. 2 BFH 29.5.2008 V R 12/07 BFH/NV 2008, 1635	Durch betriebliche Erfordernisse bedingte **verbilligte Überlassung von Arbeitskleidung** unterliegt nicht der Mindestbemessungsgrundlage	BFH hat Wertungswiderspruch zwischen den Vorschriften des § 3 Abs. 1b Nr. 2 UStG (Eigenverbrauch) und § 10 Abs. 5 Nr. 2 UStG (Mindestbemessungsgrundlage) beseitigt	

Vorschrift; Gericht; Datum der Entscheidung; Aktenzeichen; Fundstelle	Inhalt der Entscheidung	Weiterführende Anmerkungen	Eigene Notizen
UStG § 10 Abs. 5 Nr. 2 BFH 15.11.2007 V R 15/06 BFH/NV 2008, 1070	Die **Beförderung der Arbeitnehmer zur Arbeitsstätte** ist keine Leistung aufgrund des Dienstverhältnisses i.S. von § 10 Abs. 5 Nr. 2 UStG, wenn für die Arbeitnehmer keine zumutbaren Möglichkeiten bestehen, die Arbeitsstätte mit öffentlichen Verkehrsmitteln zu erreichen	Bei **verbilligten Leistungen an das Personal** durch den Arbeitgeber ist die Mindestbemessungsgrundlage nach § 10 Abs. 5 Nr. 2 UStG somit nur anwendbar, wenn mögliche private Bedürfnisse der Arbeitnehmer nicht durch ein überwiegendes unternehmerisches Interesse des Arbeitgebers verdrängt werden	
UStG § 15 Abs. 1 BFH 6.12.2007 V R 61/05 BStBl II 2008, 695	Der den **Vorsteuerabzug** begehrende Unternehmer trägt die Feststellungslast dafür, dass der in der Rechnung einer GmbH angegebene Sitz tatsächlich bestanden hat Es besteht eine **Obliegenheit des Leistungsempfängers**, sich über die Richtigkeit der Angaben in der Rechnung zu vergewissern	**Beachten Sie:** Die Anforderungen an eine zum Vorsteuerabzug berechtigende Rechnung sind für alle Unternehmer, **unabhängig von der Rechtsform**, dieselben. Vgl. hierzu auch Grube, jurisPR-SteuerR 22/2008 Anm. 3	
UStG § 15 Abs. 2 BFH 22.11.2007 V R 43/06 BStBl II 2008, 770	**Umfang des Vorsteuerabzugs** bei Erwerb und erheblichem Umbau eines Gebäudes, das anschließend vom Erwerber für steuerpflichtige und steuerfreie Verwendungsumsätze vorgesehen ist	Der BFH folgt nicht der Auffassung des BMF in dessen Schreiben vom 24.11.2004 (BStBl I 2004, 1125) und vom 22.5.2007 (BStBl I 2007, 482)	

§ 3 Wichtige neue oder geänderte BMF-Schreiben und OFD-Verfügungen

Vorschrift; Behörde; Datum; Fundstelle oder AZ	Inhalt des Schreibens/der Verfügung	Weiterführende Anmerkungen	Eigene Notizen
AO § 42 BMF 17.7.2008 BStBl I 2008, 694	**Änderung des Anwendungserlasses zu § 42 AO:** ❐ Verhältnis des § 42 AO zu Spezialgesetzen ❐ Missbrauch iSv. § 42 Abs. 2 AO ❐ Unangemessene Gestaltung ❐ Steuervorteil ❐ Nachweis außersteuerlicher Gründe ❐ Gestaltungsmissbrauch und Steuerstraftat	**Beachten Sie:** § 42 AO wurde durch das JStG 2008 umfassend geändert Bedeutend ist insbesondere die Einführung er **Beweislastumkehr!** Vgl. ausführlich Grune, AktStR 2008, 586	
AO § 88 BMF 30.7.2008 BStBl I, 2008, 831	**Anwendungsschreiben zur tatsächlichen Verständigung** Ausführliche Darstellung aller in diesem Zusammenhang relevanten Fragestellungen	Eine tatsächliche Verständigung kann nach ständiger Rechtsprechung in jedem Stadium des Veranlagungsverfahrens, insbesondere auch anlässlich einer Außenprüfung und während eines anhängigen Rechtsbehelfs- bzw. Rechtsmittelverfahrens (z.B. im Rahmen einer Erörterung nach § 364a AO) getroffen werden Von ihr kann auch bei Steuerfahndungsprüfungen bzw. nach Einleitung eines Steuerstrafverfahrens Gebrauch gemacht werden	

Vorschrift; Behörde; Datum; Fundstelle oder AZ	Inhalt des Schreibens/der Verfügung	Weiterführende Anmerkungen	Eigene Notizen
AO § 89 BMF 27.6.2008 IV A 3 - S 0224/08/10005	Zweifelsfragen zur **Gebührenpflicht für verbindliche Auskünfte:** ❒ einfache Anfragen ❒ verbindliche Auskünfte nach Treu und Glauben entspr. ständiger BFH-Rspr. ❒ Auskünfte zur Umsatzsteuer ❒ Auskünfte zur Quellensteuer ❒ Verletzung von Hinweispflichten der Finanzverwaltung in Fällen einer möglichen Antragsrücknahme ❒ Abzugsfähigkeit der Gebühren für die Bearbeitung von Anträgen nach § 89 Abs. 3 bis 5 AO ❒ Ermittlung des Gegenstandswert	Vor Einholung einer verbindlichen Auskunft sollte die Gebührenhöhe errechnet und mit dem Mandanten besprochen werden Aufwand und Nutzen sind vorab abzuwägen	

3

Vorschrift; Behörde; Datum; Fundstelle oder AZ	Inhalt des Schreibens/der Verfügung	Weiterführende Anmerkungen	Eigene Notizen
AO § 367 OFD Hannover 26.2.2008 S 0625 - 40 - StO 141	Erläuterungen zu schwierigen Fragen des Verhältnisses von **Insolvenzverfahren** zu laufenden Einspruchsverfahren	Wird eine **Steuerforderung** vom Finanzamt zur Insolvenztabelle angemeldet, kann dass während des Insolvenzverfahren unterbrochene Einspruchsverfahren später nur fortgeführt werden, wenn der Insolvenzverwalter der angemeldeten Steuerforderung widersprochen hat; andernfalls gilt sie als rechtskräftig festgestellt Beachten Sie: Bei **Steuererstattungen** können Einspruchsverfahren (mit Zustimmung des Insolvenzverwalters) fortgesetzt werden	
EigZulG § 7 Bayerisches Landesamt für Steuern 23.1.2008 FR 2008, 339	Keine Eigenheimzulage für nach dem 31.12.2005 erworbene oder hergestellte **Folgeobjekte**	Siehe hierzu auch BMF-Schreiben vom 21.12.2005, FR 2005, 394	
EStG § 3 Nr. 26 Bayerisches Landesamt für Steuern 29.7.2008 EStB 2008, 395	**Nebenberufliche Tätigkeiten:** Das bayerische Landesamt nimmt Stellung zu Einzelfällen und Abgrenzungsfragen hinsichtlich des Anwendungsbereiches des § 3 Nr. 26 EStG	Mit Wirkung ab 1.1.2007 wurde (rückwirkend) der Freibetrag von 1.848 € auf 2.100 € erhöht!	

Vorschrift; Behörde; Datum; Fundstelle oder AZ	Inhalt des Schreibens/der Verfügung	Weiterführende Anmerkungen	Eigene Notizen
EStG § 4 Abs. 2 BMF 13.8.2008 FR 2008, 984	**Bilanzänderung nach § 4 Abs. 2 Satz 2 EStG** BMF-Schreiben vom 18.5.2000, FR 2000, 683 nicht mehr anzuwenden	Siehe hierzu Urteile des BFH vom 31.5.2007 (IV R 54/05, FR 2008, 85) und vom 23.1.2008 (I R 40/07, BFH/NV 2008, 1227)	
EStG § 4 Abs. 4 OFD Frankfurt/M. 3.6.2008 EStB 2008, 364	**Übernachtungskosten bei Auslandsreisen:** R 9.7 Abs. 2 LStR 2008 ist entsprechend für die Berücksichtigung von Übernachtungskosten bei Auslandsgeschäftsreisen anzuwenden mit der Folge, dass nur noch die **tatsächlichen Kosten** als Betriebsausgaben angesetzt werden können	Ein Ansatz der bisherigen **Pauschalen für Übernachtungskosten im Ausland** ist nicht mehr möglich!	

Vorschrift; Behörde; Datum; Fundstelle oder AZ	Inhalt des Schreibens/der Verfügung	Weiterführende Anmerkungen	Eigene Notizen
EStG § 4 Abs. 4, § 9 BMF 21.12.2007 FR 2008, 150	Zuordnung von **Steuerberatungskosten** zu den Betriebsausgaben, Werbungskosten oder den Kosten der Lebensführung: Insbesondere nichtabzugsfähig sind: □ durch haushaltsnahe Beschäftigungsverhältnisse, haushaltsnahe Dienstleistungen und Kinderbetreuungskosten veranlasste Kosten □ Kosten der Beratung bei der Erbschaft- und Schenkungsteuer □ durch Kindergeld, Eigenheimzulage veranlasste Kosten □ Bei gemischt veranlassten Aufwendungen erfolgt die Zuordnung ggf. durch sachgerechte Schätzung	Mangels Privatsphäre sind Steuerberatungskosten bei Körperschaften stets abzugsfähig! Hinsichtlich der Abzugsfähigkeit privater Steuerberatungskosten ist ein Revisionsverfahren beim BFH anhängig	

Vorschrift; Behörde; Datum; Fundstelle oder AZ	Inhalt des Schreibens/der Verfügung	Weiterführende Anmerkungen	Eigene Notizen
EStG § 4 Abs. 4a BMF 7.5.2008 BStBl. I 2008, 588	**Betrieblicher Schuldzinsenabzug bei Personengesellschaften:** Finanzverwaltung folgt dem BFH-Urteil vom 29.3.2007 (IV R 72/02, BStBl. II 2008, 420) zur Ermittlung und Zurechnung von Überentnahmen und regelt im Erlasswege einige Folgefragen Die Neuregelung gilt rückwirkend in allen offenen Fällen; soweit die Altregelung günstiger ist, können die Mitunternehmer gemeinsam die Anwendung der günstigeren Regelung beantragen (siehe hierzu: BMF-Schreiben vom 4.11.2008, FR 2008, 1127)	Der Betrag der **Überentnahmen** ist für jeden Gesellschafter **getrennt zu ermitteln** Maßgeblich sind der Anteil am Gesamthandsgewinn der Gesellschaft sowie die Entnahmen und Einlagen des jeweiligen Gesellschafters. Gewinne bzw. Verluste; Entnahmen und Einlagen aus dem Sonderbetriebsvermögen sind einzubeziehen Der **Kürzungsbetrag von 2.050 €** für die Ermittlung des Höchstbetrags der nicht abziehbaren Schuldzinsen soll den Gesellschaftern nach dem Verhältnis der auf sie entfallenden Schuldzinsen (einschließlich eines etwaigen Zinsaufwands aus einer Sonderbilanz) zugerechnet werden	

Vorschrift; Behörde; Datum; Fundstelle oder AZ	Inhalt des Schreibens/der Verfügung	Weiterführende Anmerkungen	Eigene Notizen
EStG § 4 Abs. 5 Nr. 6b FinMin NRW 12.7.2008 S 2353 – 7 – V B 3 n.v.	**Abzugsbeschränkung bei häuslichen Arbeitszimmer ab 1.1.2007:** Finanzämter lassen Einsprüche ruhen	Mehrere FG-Verfahren sind wegen **Zweifeln an der Verfassungsmäßigkeit** anhängig: FG Thüringen (4 K 351/07) FG Berlin-Brandenburg (13 K 13110/07) FG Rheinland-Pfalz (3 K 1132/07) Niedersächsisches FG (7 K 146/08) FG Düsseldorf (14 K 1934/08) FG Sachsen-Anhalt (4 K 980/08) FG Münster (7 K 1532/08 E) Einspruch einlegen und Ruhen des Verfahrens beantragen!	
EStG § 4 Abs. 5 Nr. 6b, § 21 Abs. 1 OFD Münster 27.2.2008 n.v.	**Zuschlusszahlungen des Arbeitgebers an den eigenen Arbeitnehmer für ein häusliches Arbeitszimmer:** Ob die Zuschusszahlungen zu Einkünften aus Vermietung und Verpachtung gehören, hängt u.a. davon ab, ob ein Mietvertrag geschlossen wurde	Betriebsvereinbarung und insbesondere die Zusatzvereinbarung zum Anstellungsvertrag zur Errichtung eines außerbetrieblichen Arbeitsplatzes können keinen Mietvertrag ersetzen!	

Vorschrift; Behörde; Datum; Fundstelle oder AZ	Inhalt des Schreibens/der Verfügung	Weiterführende Anmerkungen	Eigene Notizen
EStG § 4h **KStG § 8a** BMF 4.7.2008 GmbHR 2008, 887	**Einführungserlass zur Anwendung der Zinsschranke:** BMF nimmt Stellung zu Fragen der Definition von folgenden Begriffen: ❒ Betrieb ❒ Zinsaufwendungen und -erträge ❒ Steuerliches EBITDA ❒ Zinsvortrag ❒ Konzern Bei **Mitunternehmerschaften** werden die nichtabzugsfähigen Zinsen und der Zinsvortrag nach dem allgemeinen Gewinnverteilungsschlüssel auf die einzelnen Gesellschafter verteilt; auch bei Zinsaufwendungen aus dem Sonderbetriebsvermögen. Bei Ausscheiden eines Gesellschafters geht der Zinsvortrag anteilig mit der Quote unter	Das BMF-Schreiben hat insbesondere Bedeutung für **Konzernunternehmen**; kleinere und nicht konzernunabhängige Unternehmen sind wegen der Freigrenze des § 4h Abs. 2 EStG und der Konzernklausel in der Regel nicht betroffen Zu **Gestaltungsmaßnahmen zur Vermeidung der Anwendung der Zinsschranke** siehe Kussmaul/Ruiner/Schappe, GmbHR 2008, 505	
EStG § 6a BMF 29.1.2008 FR 2008, 245	Bilanzsteuerliche Behandlung von **Pensionszusagen** einer Personengesellschaft an einen Gesellschafter und dessen Hinterbliebene	Siehe in diesem Zusammenhang: BFH-Urteile vom 14.2.2006 (VIII R 40/03, FR 2006, 541) und vom 30.3.2006 (IV R 25/04, FR 2006, 971)	

3

Vorschrift; Behörde; Datum; Fundstelle oder AZ	Inhalt des Schreibens/der Verfügung	Weiterführende Anmerkungen	Eigene Notizen
EStG § 6b BMF 29.2.2008 BStBl. I 2008, 495	**Übertragung einer Rücklage nach § 6b EStG** von einer Kapitalgesellschaft auf eine Tochterpersonengesellschaft Bilanzielle Darstellung bei der Kapitalgesellschaft und Personengesellschaft	Die in R 6b.2 EStR 2005 aufgeführten diversen Übertragungsmöglichkeiten gelten nach § 8 Abs. 1 KStG i.V.m. R 32 Abs. 1 KStR grundsätzlich auch für Kapitalgesellschaften	
EStG § 8 Abs. 2 § 21 Abs. 2 Bayerisches Landesamt für Steuern 25.1.2008 FR 2008, 339	**Ermittlung der ortsüblichen Miete bei verbilligt überlassenen Wohnungen:** Übertragung der Grundsätze des BFH-Urteil vom 17.8.2005 (IX R 10/05, BStBl. II 2006, 71 zu § 8 Abs. 2 EStG) auf die verbilligte Überlassung von Wohnungen nach § 21 Abs. 2 EStG mit der Folge, dass im Regelfall der Ansatz eines Wertes innerhalb der Mietpreisspanne (Mietspiegel) nicht zu beanstanden ist, auch wenn es der niedrigste Wert ist	Existiert **kein Mietspiegel**, kann weiterhin vom ortsüblichen Mittelwert einer vergleichbaren Wohnung ausgegangen werden	

Vorschrift; Behörde; Datum; Fundstelle oder AZ	Inhalt des Schreibens/der Verfügung	Weiterführende Anmerkungen	Eigene Notizen
EStG § 8 Abs. 2 BMF 1.10.2008 FR 2008, 1130	**Geldwerte Vorteile durch Arbeitgeberdarlehen:** Erläuterungen zur Bewertung nach § 8 Abs. 2 und 3 EStG, zu Aufzeichnungspflichten und Übergangsregelungen Pauschalierung nach § 37b EStG ist zulässig Wiedereinführung der Freigrenze von 2.600 € für Kleindarlehen	Ab VZ 2008 muss geprüft werden, ob sich unter Berücksichtigung der Vergleichszinssätze der Bundesbank ein geldwerter Vorteil ergibt Sofern sich ein geldwerter Vorteil ergibt, kann eine Versteuerung abgewendet werden, indem günstigere Vergleichszinssätze z.B. von Internetbanken gesucht und dokumentiert werden Vgl. auch BFH-Urteil vom 4.5.2006 – VI R 28/05, BStBl. II 2006, 781	
EStG § 8 Abs. 2 BMF 23.10.2008 FR 2008, 1179	**Überlassung von Dienstwagen für Fahrten zwischen Wohnung und Arbeitsstätte** Anwendung der Urteile des BFH vom 4.4.2008 (VI R 85/04, FR 2008, 1167 u. VI R 68/05, FR 2008, 1119)	Finanzverwaltung erkennt die Urteilsgrundsätze nicht an In Streitfällen bleibt nur der Klageweg	
EStG §§ 9, 40 Abs. 2 Satz 2 BMF 30.12.2008 IV C 5 – S 2351/08/10005	**Entfernungspauschale:** BMF nimmt Stellung zur Rechtslage nach dem BVerfG-Urteil vom 9.12.2008 zur Entfernungspauschale und seinen Auswirkungen auf die Pauschalbesteuerung von Fahrtkostenzuschüssen	Für alle nach dem 31.12.2006 beginnenden Lohnzahlungszeiträume kann der Arbeitgeber nun grds. eine Pauschalierung nach § 40 Abs. 2 Satz 2 EStG bereits ab dem ersten Entfernungskilometer vornehmen	

3

Vorschrift; Behörde; Datum; Fundstelle oder AZ	Inhalt des Schreibens/der Verfügung	Weiterführende Anmerkungen	Eigene Notizen
EStG § 10d BMF 24.7.2008 BStBl. I 2008, 809	**Änderung der Rechtsprechung zum Verlustabzug in Erbfällen:** Der BFH-Beschluss (GrS 2/04) über die Versagung des Verlustabzugs in Erbfällen wurde am 18.8.2008 im BStBl. veröffentlicht; die Urteilsgrundsätze sind ab diesem Zeitpunkt anzuwenden	Die **Vertrauensschutzfrist** der Altregelung ist damit ab dem 18.8.2008 abgelaufen!	
EStG § 10d Abs. 4 BMF 30.11.2007 EStB 2008, 55	**Verlustfeststellung:** Erläuterungen zum Inhalt der durch das JStG 2007 neu geordneten **Verlustfeststellungsfristen** nach § 10d Abs. 4 Satz 6 EStG, zum zeitlichen Anwendungsbereich der Neuregelung und zu Übergangsfragen	Der neue § 10d Abs. 4 EStG gilt – entgegen der bisherigen Rechtsprechung - ausdrücklich **ab 2007 auch für Verluste nach § 22 Nr. 3 EStG und § 23 EStG** (siehe § 52 Abs. 1, 38, 39 EStG)	
EStG § 11 Abs. 2 BMF 10.11.2008 n.v.	**Ertragsteuerliche Behandlung von Umsatzsteuervorauszahlungen:** Umsatzsteuervorauszahlungen werden in dem Kalenderjahr als Werbungskosten oder Betriebsausgaben erfasst, in dem sie entstanden sind, sofern sie innerhalb von 10 Tagen nach Beendigung dieses Kalenderjahres entrichtet worden sind	Der BFH hatte im Urteil vom 1.8.2007 (XI R 48/05) entschieden, dass es sich bei den Umsatzsteuervorauszahlungen um **regelmäßig wiederkehrende Ausgaben** im Sinne des § 11 Abs. 2 EStG handelt. Liquiditätsvorteil nutzen!	

Vorschrift; Behörde; Datum; Fundstelle oder AZ	Inhalt des Schreibens/der Verfügung	Weiterführende Anmerkungen	Eigene Notizen
EStG § 15 Abs. 4 Sätze 6-8 BMF 19.11.2008 FR 2009, 45	Anwendungsschreiben zur **Verlustbeschränkung nach § 15 Abs. 4 Sätze 6-8 EStG** Insbesondere Ausführungen zum Verhältnis zu § 15a EStG BMF-Schreiben ist in allen offenen Fällen anwendbar	Betroffen sind Verluste aus atypisch stillen Beteiligungen und vergleichbaren Innengesellschaften an Kapitalgesellschaften, an denen unmittelbar oder mittelbar Kapitalgesellschaften beteiligt sind	
EStG § 15a BMF 7.11.2007 EStB 2008, 16	**Anwendungsbereich des § 15a EStG:** Die Verwaltungsanweisung nimmt Stellung zur Anwendung des § 15a EStG auf andere Kommanditisten und/oder bei anderen als gewerblichen Einkünften	Wichtig: Bei anderen Personengesellschaften ist ein **erweiterter Verlustausgleich** nach § 15a Abs. 1 Sätze 2 und 3 EStG sowie die **Nachversteuerung** bei Minderung der Haftungssumme nach § 15a Abs. 3 Satz 3 EStG nicht möglich!	
EStG § 15b BMF 29.1.2008 IV B 2 - S 2241 - b/07/0001	Anerkennung von Verlusten aus Steuerstundungsmodellen bei **Baudenkmälern** Durch die Zwischenschaltung eines Bauträgers kann die eine modellhafte Gestaltung nicht umgangen werden	Projektkonzeptionen in Zusammenhang mit Baudenkmälern können danach wie andere Steuerstundungsmodelle von § 15b EStG betroffen sein Gleiches gilt für Theater, Bahnhöfe oder Schwimmbäder	

3

Vorschrift; Behörde; Datum; Fundstelle oder AZ	Inhalt des Schreibens/der Verfügung	Weiterführende Anmerkungen	Eigene Notizen
EStG § 17 Abs. 1 OFD Frankfurt/M. 21.5.2008 EStB 2008, 362	**Auflösung einer Kapitalgesellschaft als Veräußerung i.S.v. § 17 Abs. 1 EStG:** Ausführliche Erläuterungen von Einzelfragen anhand von Beispielen zu: ❐ zivilrechtliche Auflösung einer Kapitalgesellschaft ❐ Zeitpunkt der Gewinn- und Verlustberücksichtigung ❐ Anwendung des Halbeinkünfteverfahrens	Bitte prüfen Sie sorgfältig, in welchen VZ der Verlust bei Auflösung einer Kapitalgesellschaft geltend gemacht werden muss! Im Zweifel immer den frühest möglichen Zeitpunkt wählen, um Rechtsverluste zu vermeiden	
EStG § 20 BMF 31.7.2008 EStB 2008, 318	**Anwendungs- und Zweifelfragen zur Abgeltungsteuer:** BMF nimmt insbesondere Stellung zu bislang ungeklärten Fragen bei der Behandlung ❐ von steuerneutralen Abwicklungen von Verschmelzungen und Spaltungen ❐ von freiwilligen Austausch- und Spin-offvorgängen) ❐ der Korrektur materieller Fehler beim Kapitalertragsteuerabzug ❐ der Stückzinsen ❐ von Zwischengewinnen im Rahmen von Depotübertragungen ❐ von Devisentermingeschäften ❐ Anrechnung fiktiver Quellensteuer im Steuerabzugsverfahren	Die Anweisungen gelten vorbehaltlich einer gesetzlichen Neuregelung im JStG 2009!	

3

Vorschrift; Behörde; Datum; Fundstelle oder AZ	Inhalt des Schreibens/der Verfügung	Weiterführende Anmerkungen	Eigene Notizen
EStG § 21 BMF 7.7.2008 BStBl. I 2008, 717	**Drittaufwand:** Nichtanwendungserlass vom 9.8.2006 (BStBl I 2006, 492) betr. BFH-Urteil vom 15.11.2005 – IV R 25/03, BStBl II 2006, 623 wird aufgehoben BFH-Rechtsprechung zum Drittaufwand bei Erhaltungsaufwendungen (Urteil vom 15.1.2008 – IX R 45/07, BStBl II 2008, 572) gilt aber weiterhin nicht bei Kreditverbindlichkeiten und anderen Dauerschuldverhältnissen	**Erhaltungsaufwendungen** sind danach auch dann Werbungskosten bei Vermietungseinkünften, wenn sie auf einem von einem Dritten im eigenen Namen, aber im Interesse des Stpfl. abgeschlossenen Werkvertrag beruhen und der Dritte dem Stpfl. den Betrag zuwendet	
EStG § 33a Abs. 2 BMF 10.11.2008 n.v.	**Höhe des Ausbildungsfreibetrags ab VZ 2002:** Einkommensteuerbescheide sind wegen möglicher Verfassungswidrigkeit vorläufig	**Beachten Sie**: Der Vorläufigkeitsvermerk bezieht sich nur auf die Höhe des Ausbildungsfreibetrages; befinden sich volljährige Kinder noch in Ausbildung, sollten sich Betroffene gegen noch offene Bescheide unter Hinweis auf das beim BFH anhängige Verfahren III R 104/07 **Einspruch einlegen** und sich gegen die Einbeziehung des Bedarfsfreibetrags in die Günstigerprüfung des § 31 EStG wenden	

Vorschrift; Behörde; Datum; Fundstelle oder AZ	Inhalt des Schreibens/der Verfügung	Weiterführende Anmerkungen	Eigene Notizen
EStG § 34a BMF 11.8.2008 Fr 2008, 930	Anwendungsschreiben zur **Begünstigung der nicht entnommenen Gewinne**	§ 34a EStG gilt ab VZ 2008	
EStG § 35a Abs. 2 OFD Koblenz 6.3.2008 FR 2008, 438	Steuerermäßigung bei Aufwendungen für **haushaltsnahe Dienstleistungen an Heimbewohner:** Für Heimbewohner zählen Bereiche außerhalb des Appartements nicht mehr zum Haushalt (zB. Gartengestaltung, Besetzung der Telefonzentrale, hauseigene Wäscherei) Appartementreinigung kann aber begünstigt sein!	Inhalt des Heimvertrages entscheidend! Kritisch sind Hausmeisterarbeiten; hier fehlt häufig der Aufteilungsmaßstab Zur **Nachweisführung** siehe BMF v. 26.10.2007, BStBl I 2007, 783	
EStG § 37b OFD Rheinland 14.12.2007 EStB 2008, 58	**Pauschalierung von Sachzuwendungen an Geschäftsfreunde und eigene Mitarbeiter:** OFD geht in der Verfügung zur Neuregelung des § 37b EStG auf die Bereiche Wahlrechtsausübung, Bemessungsgrundlage und auf Besonderheiten für eigene Arbeitnehmer und Höchstbeträge ein	Die Besteuerung nach § 37b EStG hat keinerlei Auswirkungen für die Sozialversicherung Die Sozialversicherungsentgeltverordnung sieht keine Beitragfreiheit für den Fall der Pauschalierung von derartigen Sachzuwendungen vor Folge: **Arbeitsentgelt iSd. Sozialversicherung**	

Vorschrift; Behörde; Datum; Fundstelle oder AZ	Inhalt des Schreibens/der Verfügung	Weiterführende Anmerkungen	Eigene Notizen
EStG § 37b BMF 29.4.2008 BStBl. I 2008, 566	**Anwendungsschreiben zur Einkommensteuer-Pauschalierung bei Sachzuwendungen** Insbesondere Ausführungen zum Begriff der Sachleistungen, zur Auswirkung der Pauschalbesteuerung auf die 44 €-Grenze und zu Form- und Verfahrensfragen	Mit dem Jahressteuergesetz 2007 wurde mit § 37b EStG eine Regelung in das Einkommensteuergesetz eingefügt, die es dem zuwendenden Steuerpflichtigen ermöglicht, die Einkommensteuer auf Sachzuwendungen an Arbeitnehmer oder Nichtarbeitnehmer mit einem Steuersatz von 30 Prozent pauschal zu übernehmen und abzuführen	
EStG § 46 Abs. 2 Nr. 8 **5. VermBG § 14 Abs. 6** OFD Münster 18.2.2008 EStB 2008, 137	**Antragsfrist für Arbeitnehmer-Sparzulage**: Ungeachtet des Wegfalls der Antragsveranlagungsfrist gemäß § 46 Abs. 2 Nr. 8 EStG gilt die Zwei-Jahresfrist für den Antrag auf Arbeitnehmer-Sparzulage weiterhin	Entsteht der Anspruch auf die Sparzulage aber erst später (z.B. weil die Einkommensgrenzen erstmals unterschritten werden oder weil eine Mitteilung über die Änderung des Prämienanspruchs ergeht), gelten **abweichende Antragsfristen** (§ 14 Abs. 5 und 6 des 5. VermBG)	

3

Vorschrift; Behörde; Datum; Fundstelle oder AZ	Inhalt des Schreibens/der Verfügung	Weiterführende Anmerkungen	Eigene Notizen
EStG § 50 Abs. 7 BMF 20.3.2008 IV C 8 - S 2303/07/0009	**Steuererlass für beschränkt steuerpflichtige Sportler**, die an Europäischen Vereinswettbewerben von Mannschaftssportarten teilnehmen Konkrete Festlegung der Voraussetzungen für den Steuererlass Der Steuererlass gilt für Einkünfte aus Spielen im Rahmen der europäischen **Vereinswettbewerbe im Basketball, Eishockey, Fußball, Handball, Volleyball** sowie in vergleichbaren Mannschaftssportarten	Im Vorgriff auf die mit den jeweiligen Ansässigkeitsstaaten abzuschließenden Gegenseitigkeitsvereinbarungen gilt das BMF-Schreiben bereits für alle Einkünfte im unmittelbaren Zusammenhang mit den begünstigten Veranstaltungen, die beschränkt steuerpflichtigen Teilnehmern **ab dem 1.1.2008** zufließen	

Vorschrift; Behörde; Datum; Fundstelle oder AZ	Inhalt des Schreibens/der Verfügung	Weiterführende Anmerkungen	Eigene Notizen
GewStG § 8 Nr. 1 FinMin NRW (gleichlautender Ländererlass) 4.7.2008 BStBl. I 2008, 730	**Hinzurechnung von Finanzierungsanteilen nach § 8 Nr. 1 GewStG:** Neue Grundsätze zu - Entgelte für Schulden (§ 8 Nr. 1a GewStG) - Renten und dauernde Lasten (§ 8 Nr. 1b GewStG - Gewinnanteile des stillen Gesellschafters (§ 8 Nr. 1c GewStG) - Miet- und Pachtzinsen für bewegliche und unbewegliche Wirtschaftsgüter (§ 8 Nr. 1d und e GewStG) - Aufwendungen für die zeitlich befristete Überlassung von Rechten (§ 8 Nr. 1f GewStG) - Freibetrag nach § 8 Nr. 1 GewStG)	Die **Bemessungsgrundlage für den Freibetrag** nach § 8 Nr. 1 GewStG ist die Summe der sich aus § 8 Nrn. 1a-f GewStG ergebenden Finanzierungsanteile. Diese Summe, vermindert um den Freibetrag von 100.000 €, ist Ausgangsgröße für die Anwendung des Faktors von 25 % Für die Unternehmen in einem **Organkreis** ist der Freibetrag jeweils gesondert zu berücksichtigen Bei **gemischten Verträgen**: Entgelt ist ggf. im Wege der Schätzung auf die einzelnen Leistungskomponenten aufzuteilen (vgl. Warnke, EStB 2008, 62)	
KStG § 8b Abs. 2 BMF 13.3.2008 BStBl. I 2008, 506	Berücksichtigung von **Veräußerungskosten**, die vor oder nach dem Jahr der Anteilsveräußerung entstanden sind, bei der Ermittlung des Veräußerungsgewinnes bzw. -verlustes	**Nachträgliche Änderungen des Kaufpreises** werden im Wirtschaftsjahr der Veräußerung berücksichtigt Aufwand und Ertrag aus einer **Auf- oder Abzinsung** des Kaufpreises bleiben für Zwecke des § 8b EStG unberücksichtigt	

3

Vorschrift; Behörde; Datum; Fundstelle oder AZ	Inhalt des Schreibens/der Verfügung	Weiterführende Anmerkungen	Eigene Notizen
KStG § 8c BMF 4.7.2008 GmbHR 2008, 883	**Einführungserlass zur Anwendung der Verlustabzugsbeschränkung nach § 8c KStG:** Erläuterungen zu ❒ entgeltlichen und unentgeltlichen Anteilübertragung ❒ 5-Jahres-Zeitraum ❒ Gesamtplan ❒ Verlustuntergang	**Wichtig:** § 8c KStG umfasst nicht den Erbfall, die unentgeltliche Erbauseinandersetzung und die unentgeltliche vorweggenommene Erbfolge! Zu verfassungsrechtlichen und steuersystematischen Überlegungen im Zusammenhang mit § 8c KStG siehe Schwedhelm, GmbHR 2008, 404	
KStG § 37 Abs. 7 BMF 14.1.2008 FR 2008, 196	**Bilanzielle Behandlung des KSt-Guthabens:** Das KSt-Guthaben ist im Regelfall auf den 31.12.2006 zu ermitteln und abgezinst unter den sonstigen Vermögensgegenständen zu aktivieren Für die Abzinsung ist von einem adäquaten risikofreien Zinssatz unter Orientierung an der Verzinsung von Bundesanleihen auszugehen Bei Vereinnahmung der jährlichen Rate entsteht ein Zinsertrag, der – wie der Auszahlungsanspruch – das steuerliche Einkommen nicht erhöht	Eine vollständige Realisierung des KSt-Guthabens ist ab 2007 auch nicht mehr durch Liquidation oder Umwandlung der GmbH möglich Ein Abtretung des KSt-Guthabens gemäß § 46 AO ist bereits mit der Entstehung des Anspruchs zum 31.12.2006 möglich (Vgl. Brinkmeyer, EStB 2008, 101)	

Vorschrift; Behörde; Datum; Fundstelle oder AZ	Inhalt des Schreibens/der Verfügung	Weiterführende Anmerkungen	Eigene Notizen
UmwStG § 18 Abs. 3 OFD Münster 18.3.2008 n.v.	**Vermögensübergang einer Kapitalgesellschaft auf eine Personengesellschaft:** Erläuterungen zur Ermittlung des gewerbesteuerpflichtigen Gewinns bei Vermögensübergang auf eine Personengesellschaft oder auf eine natürliche Person sowie bei Formwechsel in eine Personengesellschaft	Beachten Sie in diesem Zusammenhang die BFH-Urteile vom 16.11.2005 - X R 6/04, BStBl II 2008, 62; vom 20.11.2006 - VIII R 47/05, BStBl II 2008, 69 und vom 26.6.2007 - IV R 58/06, BStBl II 2008, 73 Gegen das Urteil des BFH vom 26.6.2007 (IV R 58/06, BStBl II 2008, 73) wurde Verfassungsbeschwerde eingelegt (Az. 1 BvR 2360/07)	
UStG § 1 Abs. 1 Nr. 1, § 3 Abs. 9a Nr. 2 OFD Hannover, 23.7.2008 S 7100 - 431 - StO 172	**Arbeitnehmer-Sammelbeförderung:** Die umsatzsteuerliche Behandlung der Arbeitnehmer-Sammelbeförderung hängt davon ab, ob es sich um eine entgeltliche oder eine unentgeltliche Leistung des Unternehmers handelt	In der Praxis sollte es in aller Regel so sein, dass die unentgeltliche Sammelbeförderung im überwiegenden Interesse des Unternehmers erfolgt und deshalb nicht nach § 3 Abs. 9a UStG steuerpflichtig ist	

3

Vorschrift; Behörde; Datum; Fundstelle oder AZ	Inhalt des Schreibens/der Verfügung	Weiterführende Anmerkungen	Eigene Notizen
UStG § 3 Abs. 1b BMF 22.9.2008 IV B 8 - S 7109/07/10002	**Entnahme eines Grundstücks** aus dem Unternehmen: Ab sofort gilt in allen noch offenen Fällen: Ist die Entnahme (nach § 3 Abs. 1b Satz 1 Nr. 1 und Satz 2 UStG) steuerbar, kommt die Steuerbefreiung nach § 4 Nr. 9a UStG wieder zur Anwendung	Um die Verbreitung des sog. **Seeling-Modells** einzudämmen, war die Entnahme von vorsteuerentlasteten Grundstücken aus dem Unternehmensvermögen nach Ansicht der Finanzverwaltung umsatzsteuerpflichtig. Nun hat das BMF seine Auffassung wieder geändert	
UStG § 3 Abs. 9, § 12 Abs. 2 BMF 16.10.2008 IV B 8 - S 7100/07/10050	**Umsatzsteuersatz bei Abgabe von Speisen und Getränken:** Abgrenzung zwischen Lieferung und sonstige Leistung bei der Warenabgabe entscheidend	Betreiber von Imbissbuden o.ä. dürfen hiernach ihre Leistungen nur dann noch ermäßigt besteuern, wenn sie lediglich über eine **Verkaufstheke** verfügen; Stehtische, Bänke und Stühle sind schädlich!	
UStG § 15 BMF 9.5.2008 IV A 5 – S 7300/07/0017	**Vorsteuerabzug bei gemeinschaftlicher Auftragserteilung:** Erläuterungen zur Leistungsempfängerschaft und zur Feststellung der auf die Gemeinschafter entfallenden Vorsteuerbeträge	Das BMF-Schreiben beinhaltet mehrere partielle Nichtanwendungserlasse! Ggf. wird die Finanzverwaltung die Grundsätze auch anwenden bei **Gebäudevermietung an eine aus mehreren Unternehmern bestehende Gemeinschaft**, die jedoch selbst nicht unternehmerisch tätig ist; hier könnte die Option zur Steuerpflicht entfallen	

Vorschrift; Behörde; Datum; Fundstelle oder AZ	Inhalt des Schreibens/der Verfügung	Weiterführende Anmerkungen	Eigene Notizen
UStG § 15a Abs. 2 Bayerisches Landesamt für Steuern 23.7.2008 S 7316.2.1 - 3/1 St 34	**Vorsteuerberichtigung bei Umlaufvermögen**: Über die in R 217a UStR 2008 enthaltenen Anweisungen hinaus hat das bay. Landesamt in zu den Grundsätzen der Vorsteuerberichtigung bei Umlaufvermögen, insbesondere bei Wechsel der Besteuerungsform Stellung genommen	Beim **Wechsel von der Regel- zur Kleinunternehmerbesteuerung** kann sich eine Vorsteuerberichtigung nur ergeben, wenn auf den später (ohne Umsatzsteuer) verkauften Gegenstand entfallende Umsatzsteuer mehr als 1.000 € betragen hat	

Stichwortverzeichnis

W

Z

Made in United States
North Haven, CT
21 October 2026

20720525R00070